Het Geheim van Innerlijke Vrede

Het Geheim van Innerlijke Vrede

Verhandelingen over spiritualiteit

door

Swami Ramakrishnananda Puri

Mata Amritanandamayi Center, San Ramon
Californië, Verenigde Staten

Het Geheim van Innerlijke Vrede
door Swami Ramakrishnananda Puri

Uitgegeven door:
Mata Amritanandamayi Center
P.O. Box 613
San Ramon, CA 94583
Verenigde Staten

–––––––––––––––– *Secret of Inner Peace (Dutch)* ––––––––––––

Eerste uitgave door het MA Center: mei 2016

In Nederland:
www.amma.nl
info@amma.nl

In België:
www.vriendenvanamma.be

In India:
www.amritapuri.org
inform@amritapuri.org

Opdracht

Amma, mijn leven is niet langer leeg;
Ik ben vervuld van een diepe vrede.
In de wetenschap dat uw heilige voeten
diep in mijn hart verankerd zijn,
vullen mijn ogen zich met tranen van vreugde.

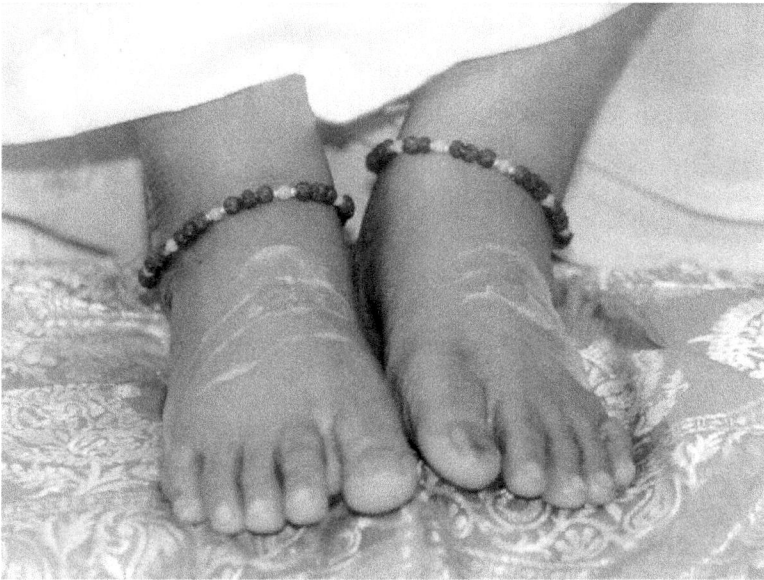

In alle nederigheid draag ik dit boek op
aan de lotusvoeten van mijn geliefde Satguru,
Sri Mata Amritanandamayi Devi.

Inhoud

Voorwoord

Toen ik vorig jaar begon met het schrijven van *The Blessed Life,* scheen het mij toe dat ik meer dan voldoende tijd zou hebben om het boek af te hebben voor de datum die ik daarvoor gepland had. Deze datum was Amma's 52ste verjaardag. Vervolgens kwam er het een na het ander tussen. Ik moest op bezoek bij verschillende opvangcentra voor slachtoffers van de tsunami in Tamil Nadu en Sri Lanka. Ook moest ik programma's afwerken op enkele scholen van Amma en op universiteiten in verschillende delen van Zuid-India. Daar kwam nog bij dat er voor mij een uitgebreide reis naar Zuid-Amerika gepland was. Enkele dagen voor mijn vertrek zei ik tegen Amma dat het erop leek dat ik het boek niet op tijd af zou hebben. Hierop antwoordde Amma eenvoudig: "Maak je geen zorgen". Toen ik dit hoorde, dacht ik dat Amma misschien bedoelde dat ik me er geen zorgen over moest maken als ik het boek niet af kon krijgen. Tegelijkertijd realiseerde ik me dat haar woorden ook konden betekenen dat ik me geen zorgen hoefde te maken, omdat Amma mij zou helpen om mijn doel te bereiken. Heel optimistisch hield ik de tweede interpretatie voor de juiste. Dit vertelde ik aan de brahmachari die mij assisteerde bij het uitgeven van het boek. Hij zei: "Swami, ik zou het met u eens zijn, als u een artikel aan het schrijven zou zijn. Maar omdat u een boek aan het schrijven bent, lijkt de eerste betekenis mij waarschijnlijker. Daarom zou ik me geen zorgen maken over het voltooien van het boek. Op deze manier kunt u zich in alle rust op uw andere werk richten."

Met de genade van Amma echter, was ik in staat om het boek af te maken op de avond voor mijn vertrek naar Zuid-Amerika. Terwijl ik de afsluitende zinnen schreef, kwamen de volgende regels van de *Gita Dhyanam* in mij op:

mūkaṁ karoti vācālaṁ
paṅguṁ laṅghataye giriṁ
yat kṛpā tam ahaṁ vande
paramānanda mādhavaṁ

Ik kniel neer voor Madhava,
de bron van opperste gelukzaligheid,
wiens genade de stommen welsprekend maakt
en de lammen in staat stelt om bergen te beklimmen.

Op dit moment voel ik dat deze woorden even goed van toepassing zijn op het schrijven van dit boek. Hierbij was namelijk eveneens sprake van tijdsdruk en er waren zelfs nog meer obstakels te overwinnen om het af te maken. Dat u dit boek nu in handen heeft, is enkel te danken aan Amma's genade, waarvan ik altijd een zuiver instrument heb willen zijn.

Swami Ramakrishnananda Puri
Amritapuri
27 September 2006

Inleiding

Er was eens een man die op de radio een beroemdheid hoorde zeggen: "De beste manier om tot innerlijke vrede te komen is om alles waaraan je ooit begonnen bent en wat je niet afgemaakt hebt, alsnog af te maken." Omdat hij deze woorden ter harte nam, keek de man zijn huis eens rond naar alle dingen die hij ooit begonnen was zonder ze af te maken. Vervolgens dronken hij een fles champagne helemaal leeg, evenals een verpakking met zes flesjes bier. Hij at een pakje chocoladekoekjes op, de resten van een kaastaart met bosbessen en een doos met chocoladebonbons. Omdat hij dacht dat hij iets erg belangrijks ontdekt had, besloot hij om al zijn vrienden op te bellen en ze te vertellen over deze nieuwe briljante strategie. Terwijl hij naar de telefoon liep, viel hij echter bewusteloos neer. Toen hij weer bijkwam, keek hij in de felle lampen van een EHBO-post. Waarschijnlijk hebben wij net als deze man vaak een valse start gemaakt en een verkeerde afslag genomen op het pad naar innerlijke vrede. Als we echt innerlijke vrede willen, moeten we kijken naar de levens en lessen van mensen die innerlijke vrede gevonden hebben.

Wij leven in dezelfde wereld als spirituele meesters en komen dezelfde moeilijkheden in ons leven tegen. Toch leven zij vredig en tevreden, terwijl wij rusteloos en ontevreden blijven. Op zekere dag bezocht een zeer succesvolle wetenschapper Amma. Toen Amma hem naar het welzijn van zijn gezin vroeg, barstte de wetenschapper in tranen uit. Hij vertelde dat zijn zoon niet tot de universiteit van zijn keuze was toegelaten. Als gevolg daarvan bracht de wetenschapper slapeloze nachten door met het zich zorgen maken over de toekomst van zijn zoon. Hoewel de wetenschapper op intellectueel gebied heel wat in zijn vermogen had, was hij niet in staat om uitdagingen in het leven met gelijk-moedigheid van geest tegemoet te treden.

Misschien is het voor de lezers moeilijk om zich voor te stellen dat Amma, toen ik haar negenentwintig jaar geleden voor het eerst ontmoette, buiten leefde, onder de sterrenhemel sliep en vrijwel als een dakloze leefde. In feite leefde zij al lange tijd op deze manier. Enkele jaren later kwam de eerste groep *brahmachari's* (celibataire leerlingen) hier wonen. Toen werd er een kleine hut gebouwd. Op dat moment kon ik me niet voorstellen dat uit dit nederige begin een enorme spirituele organisatie voor sociale dienstverlening zou groeien, dat deze organisatie tientallen miljoenen mensen over de gehele wereld zou raken en op zoveel verschillende manieren een wereldwijde positieve invloed zou hebben.

Soms vragen mensen aan Amma: "U hebt zoveel bereikt in zo weinig tijd. Wat vindt u ervan dat u dat allemaal verwezenlijkt hebt?"

Amma antwoordt dan: "Ik vind daar helemaal niets van. De wereld mag me prijzen of bekritiseren. Door beide word ik niet beïnvloed. Ik ben niet op zoek naar waardering of erkenning. Ik heb mezelf al aan de wereld aangeboden. Ik zal tot mijn laatste ademtocht op elke mogelijke manier de mensheid blijven dienen."

Amma leefde in vrede in de tijd dat ze geen dak boven haar hoofd en geen vrienden in de wereld had. En ze leeft nu in vrede, terwijl ze een van de meest gerespecteerde en algemeen erkende spirituele leiders en filantropen ter wereld is. Amma zegt dat werkelijke spiritueel succes het vermogen is om onder alle omstandigheden een mentaal evenwicht te bewaren en de innerlijke vrede die onze ware aard en ons ware thuis is, nooit uit het oog te verliezen. Een vis die op het land ligt te spartelen weet of gelooft misschien niet dat er water binnen zijn bereik is. Als gevolg daarvan lijdt hij. Op dezelfde manier zal ons lijden voortduren, zolang we ons er niet bewust van zijn dat de bron van alle vrede en tevredenheid in ons ligt.

Op zekere dag viel er een man uit een raam op de tweede verdieping. Hij lag op de grond en er stond een grote menigte om hem heen, toen er een politieman langskwam en vroeg: "Wat is er gebeurd?"

"Ik weet het niet," antwoordde de man die op de grond lag. "Ik ben hier gewoon terechtgekomen."

We kunnen lachen om de dwaasheid van de man, maar bij ons mensen is de situatie niet veel anders. Wat weten wij over hoe we hier gekomen zijn, waar we vandaan komen of waar we heengaan? Wat weten we werkelijk over wie we zijn? Het herkennen van onze eigen dwaasheid is een grote stap naar wijsheid, omdat dit ons ontvankelijk maakt voor de leiding van een waarachtig spiritueel meester.

De spirituele meester brengt ons door zijn genade, zijn leiding en het voorbeeld van zijn[1] eigen leven tot de realisatie dat we in werkelijkheid geen golven zijn, bestemd om op de kust te pletter te slaan en zo voor altijd te verdwijnen. We zijn de oceaan zelf. Wijzelf *zijn* de hoogste gelukzaligheid en de eeuwige vrede waarnaar we gezocht hebben, want dit is de aard van ons ware zelf, het alles doordringende Opperste Bewustzijn, het *Atman*.

In Amma vinden we de meest geduldige, liefdevolle en toegankelijke gids die er ooit geweest is. Ieder woord, iedere handeling en iedere ademtocht van haar zijn een getuigenis van deze waarheid. Door naar het leven van Amma te kijken kunnen we

---

[1] Dit boek gebruikt hoofdzakelijk het mannelijk voornaamwoord. Dit is in lijn met de conventie en om onhandige constructies als 'hij of zij' en 'hem of haar' te vermijden. Het is misschien overbodig om op te merken, maar God is noch mannelijk, noch vrouwelijk en transcendeert sekse. In andere gevallen waar niet duidelijk uit de context blijkt om welke sekse het gaat, moet het mannelijke voornaamwoord gelezen worden als betrekking hebbend op beide geslachten. Dit geldt ook als verwezen wordt naar de goeroe.

leren hoe we het beste van ons eigen leven kunnen maken: we kunnen het geheim van innerlijke vrede leren kennen.

Amma's leven in haar eigen woorden

"Zolang deze handen genoeg kracht hebben om te reiken naar degenen die naar Amma toe komen, om haar handen op de schouders van een huilende persoon te leggen, zal Amma hiermee doorgaan. Mensen liefdevol strelen, hen troosten en hun tranen afdrogen totdat het afgelopen is met dit sterfelijk omhulsel, dit is Amma's wens."

— Amma

Amma is geboren in een afgelegen kustdorpje in Kerala, Zuid-India. Amma zegt dat ze altijd al wist dat er achter deze veranderende wereld van namen en vormen een hogere realiteit bestaat. Zelfs als kind bejegende Amma iedereen al met liefde en mededogen. Amma zegt: "Een onafgebroken stroom liefde stroomt van Amma naar alle wezens in het universum. Dit is Amma's aangeboren aard."

Over haar jeugdjaren zegt Amma: "Al vanaf haar kindertijd vroeg Amma zich af waarom mensen in de wereld moeten lijden. Waarom moeten ze arm zijn? Waarom moeten ze hongerlijden? In de streek waar Amma opgroeide, bijvoorbeeld, zijn de mensen vissers. Op sommige dagen gaan ze vissen, maar vangen niets. En daardoor zijn er tijden dat ze niets te eten hebben, soms meerdere dagen lang. Amma kreeg een goed contact met deze dorpelingen en door het observeren van hun levens en moeilijkheden was ze volop in de gelegenheid om dingen te ontdekken over de aard van de wereld.

"Amma deed alle huishoudelijke klussen. Een van die klussen was het voeren van de vele koeien en geiten van het gezin. Daarom moest ze iedere dag bij dertig of veertig, soms wel bij zestig huizen in de buurt langsgaan om tapiocaschillen en andere voedselresten te verzamelen. Iedere keer dat ze deze huizen bezocht, zag ze het lijden van de mensen, soms door ouderdom, soms door armoede, soms door ziekte. Dan ging Amma bij hen zitten, luisterde naar hun problemen, deelde hun lijden met hen en bad voor hen.

"Steeds als Amma daar tijd voor had, nam ze deze mensen mee naar het huis van haar ouders. Daar gaf ze hun een warm bad en gaf hun te eten. Zo nu en dan nam ze dingen mee uit haar ouderlijk huis en gaf die aan gezinnen die hongerleden.

"Amma zag dat jonge kinderen afhankelijk zijn van hun ouders en daarom bidden dat hun ouders lang zullen leven en niet ziek zullen worden. Maar als deze kinderen opgegroeid zijn, ervaren ze hun ouders, die nu oud zijn, als een last. Ze denken: 'Waarom zou ik al dit werk voor mijn ouders doen?' Voor dezelfde kinderen die voorheen baden om een lang leven voor hun ouders, wordt het een last om hun ouders van voedsel te voorzien, om hun was te doen en om hen met zorg te behandelen. Toen ze dit zag, kwam er een vraag bij Amma op: 'Waarom zijn er zoveel tegenstellingen in deze wereld? Waarom is er geen ware liefde? Wat is de werkelijke oorzaak van al dit lijden en wat is de oplossing?'"

Amma zegt: "Onmiddellijk kwam van binnenuit het antwoord dat het lijden van de mensheid het gevolg is van het karma van de mensen, het resultaat van hun daden uit het verleden. Maar hiermee was Amma niet tevreden. Ze dacht bij zichzelf: 'Als het hun karma is om te lijden, is het dan niet Amma's dharma[2] om hen te helpen?' Is het correct om gewoon door te lopen als er iemand in een diepe kuil gevallen is en dan te zeggen: 'Het is

---

[2] Dharma betekent in het Sanskriet 'dat wat (de schepping) ondersteunt'. In verschillende contexten heeft het verschillende betekenissen, of nauwkeuriger uitgedrukt, duidt het verschillende aspecten van hetzelfde ding aan. In deze context is de beste vertaling 'plicht'. Andere betekenissen zijn bijvoorbeeld: rechtvaardigheid, harmonie.

zijn karma om op die manier te lijden'? Nee, het is onze plicht om hem te helpen eruit te klimmen.

"Zelfs als klein kind wist Amma al dat alleen God, het Zelf en de Allerhoogste Macht, Waarheid is en dat de wereld niet de absolute realiteit is. Daarom bracht ze veel tijd in diepe meditatie door. Amma's ouders en verwanten begrepen niet wat er aan de hand was. Uit onwetendheid begonnen ze haar te berispen en haar spirituele oefeningen tegen te werken."

Maar Amma was ondergedompeld in de herinnering aan God en volkomen onaangedaan door de kritiek en de straf van haar familie. In deze periode moest Amma vele dagen en nachten buiten onder de open hemel doorbrengen. Dieren en vogels zorgden voor haar door haar voedsel te brengen en haar uit haar diepe, meditatieve toestand te halen.

"Amma ervoer haar eenheid met de hele schepping en besefte dat het doel van haar leven was om de lijdende mensheid te helpen. Daarop begon Amma met haar spirituele missie. Ze begon deze boodschap van Waarheid, liefde en mededogen over de wereld te verspreiden door iedereen, wie dan ook, te ontvangen."

Weldra wilden steeds meer mensen Amma's onvoorwaardelijke liefde en mededogen ervaren. Zij kwamen uit alle windstreken van de wereld naar het eens zo slaperige en onbekende vissersdorp Parayakadavu. Al gauw moesten de mensen die Amma's onvoorwaardelijke liefde wilden ervaren, een nummertje trekken, in de rij gaan staan en wachten. Tegenwoordig besteedt Amma het grootste deel van het jaar aan reizen door India en de hele wereld om de lijdende mensheid met haar woorden en met de troost van haar liefdevolle omhelzing op te beuren. In haar ashram vinden 3000 mensen een thuis. Ook bezoeken nog eens duizenden vanuit heel India en de hele wereld dagelijks de ashram. Bewoners en bezoekers van de ashram zijn allemaal even geïnspireerd door het voorbeeld van Amma en wijden zich aan het dienen van de wereld. Ze bouwen huizen voor de daklozen, delen uitkeringen uit aan de armen en geven medische zorg aan de zieken via Amma's uitgebreide netwerk van liefdadigheidsprojecten. Talloze mensen over de hele wereld leveren een bijdrage aan deze liefdevolle inspanning. Onlangs kreeg Amma internationale waardering omdat ze een miljoen dollar doneerde aan het Bush-Clinton Katrina fonds voor hulp aan de slachtoffers van de orkaan Katrina in de Verenigde Staten en omdat ze meer dan 16 miljoen euro schonk aan hulp en het opnieuw huisvesten van slachtoffers van de tsunami in India, Sri Lanka en op de Andaman- en Nicobareilanden. Toen een journalist haar vroeg hoe het mogelijk was dat ze een zo grote som geld kon beloven aan hulp voor tsunamislachtoffers, antwoordde Amma: "Mijn kinderen zijn mijn kracht." Ze doelde hiermee niet alleen op de brahmachari's, de brahmacharini's en andere ashrambewoners die 15 uur per dag werken zonder daarvoor enige betaling te ontvangen, maar die zich wel helemaal wijden aan het zo snel mogelijk helpen van zoveel mogelijk mensen. Zij verwees naar miljoenen mensen over de gehele wereld die aan haar toegewijd zijn, toen ze zei: "Ik heb veel goede kinderen. Ze doen allemaal wat ze kunnen." Ze vertelde verder dat zelfs kleine kinderen poppen en beelden maken en verkopen, zodat ze de verdiensten aan hun geliefde Amma kunnen geven. Amma zei: "Sommige kinderen die geld krijgen voor hun verjaardag of een ijsco van hun ouders aangeboden krijgen, zeggen tegen hun ouders dat ze het geld liever aan Amma geven. Ze vertellen hun ouders dat Amma het geld kan gebruiken om arme kinderen te helpen. Andere kinderen komen bij Amma en bieden hun spaarpotje aan, zodat Amma pennen kan kopen voor arme studenten. Amma wil dat niet aannemen, omdat andere kinderen die niets hebben om aan te bieden dan misschien verdrietig worden, maar als Amma de goedheid van hun hart ziet, heeft ze geen keuze. De overheid alleen kan niet alles doen. Zouden deze kinderen dit geld met dezelfde liefde aan de overheid geven als waarmee ze het aan Amma geven?"

Amma heeft vele internationale eerbewijzen gekregen. Het Eeuwfeest van het Parlement van Wereldreligies noemde haar de President van het Hindoegeloof. Zij gaf de belangrijkste lezing op de Millennium World Peace Summit van de Verenigde Naties. In 2002 kreeg zij de Gandhi-King Award voor geweldloosheid. Onlangs kreeg Amma, samen met Nobelprijswinnaar Mohamed ElBaradei, de James Parks Morton Interfaith Award van het Interfaith Center in New York voor haar verdienste als opmerkelijk spiritueel en filantroop. Tijdens de uitreiking noemde het Interfaith Center in het bijzonder de enorme hulp van haar ashram na de tsunami van 2004. Bij het aanbieden van de prijs zei de Eerwaarde James Park Morton tegen Amma: "U belichaamt alles waar wij voor staan."

Amma zegt: "Uiteindelijk is liefde het enige medicijn dat de wonden van de wereld kan helen. In dit universum verbindt liefde alles met elkaar. Naarmate dit besef bij ons begint te dagen, zal alle disharmonie verdwijnen. Er zal dan enkel eeuwige vrede zijn." ❖

Hoofdstuk 1

Het ontwikkelen van een gezonde geest

"Moeilijkheden maken de geest sterker, net zoals arbeid het lichaam sterker maakt"

— Seneca

Twintig jaar geleden bezocht Amma voor de eerste keer Japan, de Verenigde Staten en veel andere ontwikkelde landen. Ik maakte toen deel uit van de kleine groep leerlingen die haar vergezelde. Het was de eerste keer dat ik buiten India reisde en ik was erg onder de indruk van wat ik zag. Iedereen had een computer, stofzuiger, wasmachine. Sommige mensen hadden al een mobiele telefoon. Nu is India natuurlijk ook een zich snel ontwikkelende natie, maar in die tijd waren deze dingen een wonder voor mij. Toen ik de technische ontwikkelingen en de fysieke gemakken zag die in de Westerse maatschappij overal aanwezig waren, dacht ik: "Dit is werkelijk de hemel." Ik dacht zelfs dat het helemaal niet nodig was dat Amma naar het Westen kwam, omdat het leek alsof de mensen alles hadden wat ze nodig hadden.

Maar toen Amma met haar *darshan*[1] begon, vertelden de mensen hun problemen aan haar. Vaak vertaalde ik voor hen en

---

[1] Dit betekent letterlijk 'zien'. Het woord wordt traditioneel gebruikt voor een ontmoeting met een heilige, het zien van een beeld van God of het hebben van een visioen van God. In dit boek verwijst darshan naar de moederlijke omarming van Amma. Amma heeft over haar darshan

toen ik hun problemen hoorde – drugsverslaving, teenagerzwangerschappen, mensen met meerdere echtscheidingen, depressies – was ik verbijsterd. Voordat ik naar het Westen kwam, dacht ik dat een depressie een weersomstandigheid of een economische inzinking was. Ik had nog nooit iemand ontmoet die naar een psychiater ging. Ik ontdekte dat zelfs honden in het Westen hun eigen psychiater hebben. Dat deed me denken aan de woorden van de Westerse filosoof Jean-Paul Sartre, die opmerkte: "Alles is uitgezocht, behalve hoe men moet leven." Het leed geen twijfel dat de bevolking in deze landen in materieel opzicht een comfortabel leven leidde. Innerlijk ondergingen de mensen echter heel wat onrust. Amma's liefde was hard nodig als balsem voor hun gewonde hart. Haar spirituele leiding gaf hun het vertrouwen en de kracht die ze nodig hadden om vooruit te komen in hun leven.

Om een vredig leven te genieten, moeten we spirituele principes opvatten als richtlijnen om naar te leven. Dit betekent het opgeven van onze gehechtheden en verwachtingen en het begrijpen van de veranderende aard van de wereld en van mensen.

Veel mensen zien spiritualiteit wel als een aardige filosofie, maar niet als relevant voor de praktische eisen die het dagelijks leven stelt. Misschien vragen we ons af wat het verband tussen spiritualiteit en ons leven van alledag is. Denk je eens in dat er een infectie in je been zit en dat je een injectie met antibiotica nodig hebt. De arts hoeft de naald niet in je been te steken. Hij zal de injectie in je arm geven. Op dat moment protesteer je ook niet: "Dokter, het probleem zit in mijn been. Waarom geeft u

gezegd: "Amma's knuffels en kussen moeten niet als gewoon beschouwd worden. Als Amma iemand omarmt of kust, is dit een proces van zuivering en innerlijke heling. Amma brengt een deel van haar zuivere, vitale energie over op haar kinderen. Zij zijn daardoor ook in de staat om ware, onvoorwaardelijke liefde te ervaren. Als Amma mensen vasthoudt, kan hierdoor hun slapende spirituele energie ontwaken. Dat zal hen uiteindelijk bij het uiteindelijke doel van Zelfrealisatie brengen."

mij een injectie in mijn arm?" Je weet namelijk dat het medicijn met de bloedstroom mee door je lichaam zal gaan en zo bij het geïnfecteerde been zal komen. Op dezelfde manier zijn spirituele oefeningen, hoewel het lijkt alsof ze niets met onze dagelijkse problemen te maken hebben, er sterk mee verbonden. Spiritualiteit bereidt ons erop voor om de verschillende uitdagingen van het leven tegemoet te treden. Zoals een medicijn door de bloedstroom het hele lichaam bereikt, zo stroomt het medicijn van spiritualiteit door de geest en heeft een weldadige invloed op ieder aspect van ons leven.

Als we goed naar ons leven kijken, zien we dat het uit niets anders bestaat dan een opeenvolging van verschillende ervaringen. Al deze ervaringen zijn alleen mogelijk door de geest. Als de geest niet functioneert, ervaren we niets. Wanneer we bijvoorbeeld diep slapen, zijn we ons er niet van bewust dat de wereld nog steeds bestaat, dat er misschien mensen praten en lachen en dat er zoveel dingen om ons heen gebeuren. We zijn ons hiervan niet bewust, omdat de geest niet functioneert. Pas wanneer we wakker worden, ervaren we de wereld.

Het is belangrijk dat onze geest sterk en gezond is, omdat we al onze ervaringen waarnemen via onze geest. Er is een gezegde: "Zoals zijn geest is, zo is de man," of natuurlijk de vrouw. Als we een danser zijn en het podium waarop we dansen onstabiel is, dan is ons optreden ook wiebelig. Op dezelfde manier is onze geest het podium waarop het drama van ons leven zich ontvouwt. Als onze geest onstabiel is, zal dat in ons leven weerspiegeld worden. Als onze geest stabiel en gezond is, dan zal ons leven relatief gelukkig en vreedzaam zijn. Onze geest maakt ons gelukkig of ongelukkig, vredig of gespannen. Spiritueel begrip helpt ons een gezonde geest te vormen en daardoor meer vrede en tevredenheid in het leven te ervaren, ondanks de veranderende aard van de wereld om ons heen.

Er is een verhaal over een rijke vrouw die al haar geld bij een zakelijke transactie verloor. Ze vertelde haar vriend dat ze helemaal platzak was en vroeg hem: "Liefste, houd je nog steeds van me, ondanks het feit dat ik niet meer rijk ben?"

"Zeker liefje", verzekerde haar vriend haar. "Ik zal altijd van je houden, ook al zie ik je waarschijnlijk nooit meer terug."

Dit is de aard van de wereld. Iemand die vandaag van ons houdt, kan ons morgen verlaten. We krijgen niet altijd wat we verwachten; in feite krijgen we vaak wat we niet verwachten. Vandaag zijn we misschien het toonbeeld van gezondheid zijn, terwijl we morgen een slopende ziekte kunnen hebben. Door zulke waarheden te benadrukken bereidt spiritualiteit ons erop voor de verschillende situaties die het leven ons brengt, gelijkmoedig te accepteren.

Amma zegt dat we zelfs meer slechte dan goede ervaringen kunnen hebben. De volheid van ons leven wordt niet bepaald door het aantal plezierige ervaringen dat we hebben, maar door hoe goed wij omgaan met de nare ervaringen of met gebeurtenissen die ons voor uitdagingen stellen. Soms moeten we een bitter medicijn drinken om ziekte te voorkomen of te genezen. Prettige ervaringen vergroten de kwaliteit van ons leven wel, maar onze innerlijke kracht ontwikkelen we door goed om te gaan met de moeilijkheden in ons leven.

Er is een verhaal over een hofnar die op een dag te ver ging en zijn koning beledigde. De woedende koning veroordeelde de nar ter dood. Het hof drong er bij de koning op aan om genade te tonen met deze man die hem zoveel jaren zo goed gediend had. Na een tijdje gaf de koning slechts een klein beetje toe: hij wilde de nar de keuze geven over de manier waarop hij zou sterven. Geheel in stijl antwoordde de nar: "Als het voor u geen verschil maakt, mijn heer, zou ik het liefste van ouderdom sterven."

Iedere situatie in het leven stelt ons voor een duidelijke keuze. We kunnen ofwel reageren – vanuit ons ego, onze ervaringen uit het verleden, onze gehechtheden en negatieve emoties – of we kunnen antwoorden vanuit onze positieve eigenschappen als liefde, mededogen, geduld en vriendelijkheid. Acceptatie is de sleutel om op een gegeven situatie te antwoorden in plaats van te reageren. Wanneer we de situatie accepteren zoals hij is, gaan we de verborgen lessen en kansen daarin zien en kunnen we in overeenstemming daarmee een antwoord geven. De meesten van ons hebben echter de neiging om te reageren en dat leidt tot frustratie, boosheid of depressie. Dan wordt ons leven uiteindelijk een opeenvolging van reacties, die af en toe wordt onderbroken door een vredig moment als de dingen een tijdje gaan zoals we verwachten. In feite hebben we altijd het of ander probleem, maar als we alleen kleinere problemen hebben – in de periodes tussen grotere problemen – zeggen we dat de dingen gaan zoals we wensen.

Er was eens een tienjarige jongen die als hobby gevechtssporten beoefende. Op een dag kreeg hij een vreselijk auto-ongeluk. Zijn linkerarm was onherstelbaar verwond en moest geamputeerd worden. Hij had negatief kunnen reageren op zijn tegenspoed door de gevechtssport voor altijd op te geven. In plaats daarvan ging hij door met zijn lessen en zijn judoleraar stemde ermee in om hem een judostijl te leren die met één arm beoefend kon worden.

Na drie maanden had de jongen pas één judogreep geleerd. Hij vroeg zijn leraar om hem wat meer grepen te leren. De judoleraar zei hem vol vertrouwen dat hij slechts deze ene greep nodig zou hebben.

Korte tijd later ging de jongen naar een toernooi. De jongen leek geen partij te zijn voor zijn tegenstander die twee armen had, groter was en meer ervaring had. Zodra hij er echter de gelegenheid voor kreeg, greep de jongen zijn kans en versloeg de grotere jongen met de ene greep die hij van zijn leraar had geleerd.

Op de terugreis naar huis vroeg de jongen aan zijn leraar: "Hoe was het nu mogelijk dat ik kon winnen met slechts één greep?"

De leraar antwoordde: "Jij hebt je een van de moeilijkste judogrepen eigen gemaakt. Je tegenstander kan zich alleen maar tegen deze greep verdedigen door je linkerarm vast te pakken."

Deze jongen koos ervoor om een positief antwoord te geven op het verlies van zijn arm en om niet negatief te reageren. Daardoor ontdekte hij dat, in ieder geval in de gevechtssport, zijn grootste zwakheid in zijn grootste kracht was veranderd.

Ook wij kunnen, net zoals deze jongen, ervoor kiezen om op alle situaties in ons leven een antwoord te geven in plaats van te reageren. We hebben de vrijheid om dit te doen, maar meestal verbeuren we deze vrijheid en zijn we ons daar niet eens bewust van. Dan denken we dat het leven ons bedeeld heeft met een slecht stel kaarten.

Misschien kennen de lezers de verhalen over de strenge discipline die Amma's moeder, Damayanti Amma, Amma in haar kindertijd oplegde. Amma's moeder zei tegen Amma dat ze, als ze per ongeluk op een stukje papierafval stapte, het moest aanraken. Vervolgens moest ze haar ogen aanraken als een teken van respect, omdat ieder stukje papier Saraswati, de godin van kennis en kunst, vertegenwoordigt. Hetzelfde moest ze doen als ze op de drempel stapte (omdat die ons van de ene plek naar de andere brengt) en zelfs als ze in koemest trapte (omdat een koe zo weinig voor zichzelf neemt en zoveel aan de wereld geeft). Toen Amma een jong meisje was, hadden mensen de gewoonte om geen vuur in hun eigen huis aan te steken, maar om naar een ander huis te gaan waar het vuur al ontstoken was. Iedereen in het dorp ontstak zijn lampen aan dit ene vuur. Damayanti Amma stuurde Amma er soms opuit om de lamp aan te steken en zei dan tegen haar: "Als je vuile borden in dat huis aantreft, was die dan voordat je terugkomt. Als het huis een schoonmaakbeurt nodig heeft, maak het dan schoon voordat je terugkomt." Als er een gast kwam over- nachten, moest Amma van haar moeder in de voortuin slapen, zodat de gast een kamer voor zichzelf had. De gast was de eerste die te eten kreeg. Amma zegt dat haar moeder zich geen zorgen maakte of haar kinderen gegeten hadden, zolang de gast maar volop te eten had en van alle comfort voorzien was. Soms kregen de kinderen alleen water. Damayanti Amma verbood Amma om te spreken, als ze de kerriekruiden voor de volgende maaltijd aan het malen was, omdat ze bang was dat er een druppeltje speeksel in het voedsel terecht zou komen.

Omdat Amma's geest diep verzonken was in spirituele prin- cipes, kon ze een schijnbaar negatieve situatie in een positief licht zien. Amma zegt dat ze ondanks al deze strenge regels nooit negatieve gevoelens jegens haar moeder koesterde. Amma verwijst zelfs naar Damayanti Amma als haar goeroe en zegt hierover: "Hoewel ze geen enkel spiritueel begrip had, was ze in staat om mij leiding te geven." Amma zegt dat ze al deze beperkingen ook als spiritualiteit beschouwde; zij vond dat deze regels iemand hielpen om met meer bewustzijn te leven. Dat Amma in staat was om in iedere opdracht van haar moeder een spiritueel principe te zien, weerspiegelde de gezonde toestand van haar geest.

Er was eens een man die langs het strand wandelde en in het zand een verkleurde koperen lamp vond. Hij raapte hem op en bekeek hem van alle kanten. Hij leek leeg te zijn. Hij dacht bij zichzelf: "Waarom ook niet" en terwijl hij om zich heen keek om zeker te weten dat niemand het zag, wreef hij even vlug over de lamp.

Ogenblikkelijk verscheen er een geest die de man bedankte dat hij hem bevrijd had. De geest sprak: "Omdat je zo vriendelijk was, zal ik je één wens toestaan, maar ook echt maar één."

De man dacht even na en zei toen: "Ik wilde altijd al graag naar Hawaï. Dat was echter nooit mogelijk omdat ik bang ben van vliegen en zeeziek wordt van varen. Daarom wens ik dat er een brug gebouwd wordt van hier naar Hawaï."

De geest overdacht dit een paar minuten en zei: "Ik denk niet dat ik dat kan doen. Denk eens aan al het werk dat daarbij komt kijken. De pilaren die nodig zijn om de weg te ondersteunen moeten helemaal op de bodem van de oceaan staan. Denk aan alle beton dat daarvoor nodig is. Om nog maar te zwijgen over drainagesystemen, verlichting, enzovoort... Nee, nee, dat is veel te veel gevraagd. Vraag om iets wat redelijker is."

De man dacht weer even na. "Oké, wat vind je hiervan? Mijn vrouw en ik maken altijd ruzie. Kun je haar veranderen zodat we een perfect huwelijk hebben?"

De geest krabde zich in zijn baard en overwoog het. Ten slotte keek hij op en zei: "Oké, wil je dat de snelweg twee of vier rijbanen krijgt?"

Amma zegt dat we sterk geneigd zijn om van de mensen in ons leven meer te verwachten dan ze kunnen geven. Amma vergelijkt dit met het kijken naar een kikker en hem als een olifant zien. Als we van een kikker verwachten dat hij de taken van een olifant uit kan voeren, zullen we zeker teleurgesteld worden.

Alleen een juist begrip van spirituele principes zal onze onredelijke verwachtingen van de wereld wegnemen. Omdat Amma de aard van de wereld begrijpt en accepteert, heeft ze geen onredelijke verwachtingen over de wijze waarop mensen met haar omgaan of over wat ze van de wereld kan ontvangen. Spiritualiteit helpt ons om deze helderheid van visie te ontwikkelen. Misschien zullen we nooit de wereld door Amma's ogen kunnen zien, maar als we nadenken over haar leringen en haar voorbeeld zo goed mogelijk volgen, kunnen we ons inzicht zeker verbeteren. Dit zal ons helpen om van meer vrede en tevredenheid in ons dagelijks leven te genieten en om gericht te blijven op het ware doel van menselijk leven, dat is het realiseren van onze eenheid met God en met de gehele schepping. ❖

Hoofdstuk 2

Subject en object

*Als je geen besef van de bron hebt, worden verwarring en
verdriet je deel. Als je beseft waar je vandaan komt, dan
word je vanzelf tolerant, onbaatzuchtig, geamuseerd en
vriendelijk als een grootmoeder, waardig als een koning.
Ondergedompeld in het wonder van de Tao, kun je
omgaan met alles wat het leven je brengt en als de dood
komt, ben je er klaar voor.*

– Tao Te Ching

Op de avond van een feestdag in India stak een toegewijde
een spectaculair vuurwerk bij Amma's ashram af. Het
geluid was oorverdovend en het was prachtig om te zien.
Halverwege dit schouwspel kwam iemand met een zwak gehoor
uit zijn kamer en vroeg: "Wie doet toch al die lichten aan?"

Als de zintuigen niet goed functioneren, kunnen we de
objecten die door die zintuigen worden waargenomen, niet juist
inschatten. Als we slechtziend zijn, kunnen we zelfs in het helder-
ste licht niet duidelijk zien. Als we onze tong verbrand hebben,
kunnen we zelfs van de beste keuken ter wereld niet genieten.

Maar perfect functionerende zintuigen en de aanwezigheid
van objecten die we ervaren, zijn niet genoeg om ervaringen plaats
te laten vinden. Iedere ervaring veronderstelt iemand die ervaart
oftewel een subject dat ervaart. Dit subject is de geest.

Als we de zintuigen even buiten beschouwing laten, dan heeft
iedere ervaring twee fundamentele componenten: een subject en
een object, oftewel de geest en de wereld om ons heen. Als we een

vredig en harmonieus leven willen leiden, moeten we zowel aan
het subject als aan het object van onze ervaring iets doen. Altijd
zijn we op zoek naar het mooiste plekje om te wonen, de best
betaalde baan, het lekkerste eten en de aantrekkelijkste partner.
We zullen echter zelfs niet van de meest luxueuze omgeving kunnen genieten als we er niets aan doen om het subject van onze
ervaringen, onze eigen geest, te verbeteren[1]. Amma zegt dat het
enige verschil tussen rijk en arm is dat de rijken huilen in duur
ingerichte kamers met airconditioning, terwijl de armen huilen
op de vuile vloeren van hun hutten. Amma zegt: "Wat we echt
nodig hebben is airconditioning van de geest." Als we hierin slagen, kunnen we betrekkelijk vreedzaam leven, waar we ook zijn.

Als onze geest door onze zintuigen contact maakt met objecten in de wereld om ons heen, vindt er een proces in drie stappen
plaats. Allereerst ontvangt onze geest input van onze zintuigen.
Vervolgens wordt deze informatie door onze geest en ons intellect verwerkt; er kan dan een emotie, herinnering, verlangen
of gedachte in ons opkomen. Ten slotte sturen we, afhankelijk
van de soort stimuli waarmee we contact hebben gemaakt en de
toestand van onze geest en ons intellect, output in de vorm van
woorden of handelingen als antwoord op de input.

---

[1] De meeste Westerse filosofen beschouwen de geest als het subject. Volgens de Vedanta echter, is alles waarvan we ons bewust zijn een object.
Dus is de geest ook een object, omdat we ons bewust zijn van de toestand
van onze geest: verdrietig, gelukkig, boos, kalm, enzovoort. Verder leert
de Vedanta dat de geest wordt verlicht door het Atman en de zintuigen
door de geest. Zonder het Atman kan de geest natuurlijk niet functioneren. Maar als de geest niet functioneert, bijvoorbeeld als we diep slapen,
ervaren we niets, hoewel het Atman nog steeds aanwezig is. De geest die
verlicht wordt door het Atman, verlicht op zijn beurt de zintuigen, net
zoals de maan, die zelf verlicht wordt door de zon, haar licht 's nachts
over de wereld werpt. In deze betekenis wordt de geest in dit hoofdstuk
benaderd als subject.

De eerste stap bij het optimaliseren van dit proces is om de objecten waarmee onze zintuigen in aanraking komen, zorgvuldig te selecteren. De meesten van ons hebben in ieder geval in hun vrije tijd voor een groot deel controle over de omgeving waarin we verblijven. We kunnen besluiten om naar de bioscoop te gaan, een drankwinkel of een restaurant. We kunnen net zo gemakkelijk een bezoek brengen aan een park, een dierentuin, een verzorgingstehuis of een meditatiecentrum. Iedere omgeving zal een andere invloed op ons hebben en daarmee andere reacties bij ons oproepen. De meesten van ons hebben een goed idee wat voor omgeving positieve gevoelens zoals vrede, rust, liefde en mededogen bij ons oproept en wat voor omgeving negatieve gevoelens, zoals angst, lust, jaloezie, frustratie en boosheid teweegbrengt. Door een ononderbroken bewustzijn te handhaven kunnen we de juiste keuzes maken over onze omgeving en de objecten die onze zintuigen zullen waarnemen.

Zelfs als we ervoor zorgen dat we positieve stimuli uit de buitenwereld krijgen, hebben we natuurlijk nog geen volledige controle over onze geest. Negatieve gedachten en gevoelens kunnen zelfs in een tempel of in een kerk in ons opkomen. Om dit te illustreren vertelt Amma vaak de volgende anekdote.

Vroeger, als Amma op tournee naar Noord-India ging, nam ze bijna alle ashrambewoners met zich mee. Dat was destijds slechts een handvol mensen. In de loop der jaren is het aantal brahmachari's en brahmacharini's in Amma's ashram drastisch toegenomen. Er zijn er nu zoveel dat Amma hen onmogelijk allemaal tegelijk mee kan nemen op haar tournee. Tegenwoordig doen de meeste ashrambewoners dan ook slechts de helft van de tournee. Op een zo'n tournee was er een brahmachari die al zijn vrije tijd met een lang gezicht naast Amma stond. Als Amma darshan geeft, is de stemming in haar nabijheid meestal erg vrolijk, tenzij er een toegewijde met een verdrietig verhaal komt.

31

Maar temidden van alle glimlachende gezichten had deze man altijd gefronste wenkbrauwen en soms zelfs tranen in zijn ogen. Op een dag nodigde Amma hem uit voor darshan en vroeg hem wat het probleem was. In tranen verklaarde hij: "Binnenkort moet ik Amma verlaten. Over een week moet ik naar de ashram terugkeren." Hij maakte deel uit van de groep die dat jaar de eerste helft van de tournee deed.

"Maar hetzelfde geldt voor al deze kinderen," zei Amma terwijl ze naar alle glimlachende gezichten om haar heen wees. "Zoon, omdat je je zorgen maakt over de toekomst, kun je niet van het heden genieten. Ondertussen genieten deze kinderen van de tijd die ze met mij doorbrengen en maken er het beste van. Ook al moeten ze terugkeren naar de ashram, ze zullen gelukkig zijn, vervuld als ze zijn van herinneringen aan deze kostbare momenten."

Toen de eerste groep naar de ashram terugkeerde en de tweede groep zich bij de tournee voegde, ontdekte Amma dat de wanhopige brahmachari een tegenhanger in de tweede groep had. Toen Amma aan de tweede brahmachari vroeg wat er mis was, vertelde hij haar wat hij op zijn hart had. Hij zei: "Amma heeft mij tijdens de eerste helft van de tournee niet meegenomen." Deze gedachte zat hem tijdens de verdere tournee dwars en hij was niet in staat om ervan te genieten.

In beide gevallen hoefden de jonge brahmachari's slechts het subject, hun eigen geest, aan te passen om te kunnen genieten van het object, namelijk hun aanwezigheid bij de tournee van Amma.

We hebben niet altijd volledige controle over onze omstandigheden. We worden onvermijdelijk geconfronteerd met onplezierige situaties en omstandigheden die het slechtste in ons naar boven brengen. In zulke omstandigheden moeten we, zelfs als er een negatieve reactie in ons opkomt, onze output zo kunnen reguleren dat we onszelf of iemand anders geen schade berokkenen met woorden of daden.

Amma vertelt het volgende verhaal. Er waren eens twee broers, die niets met elkaar gemeen hadden behalve dat ze bloedverwanten waren. Een van de twee was een beroepsmisdadiger die al zijn hele leven de gevangenis in en uitging. Hij was een afwezige vader die drie mislukte huwelijken achter de rug had en hopeloos verslaafd was aan alcohol en drugs. Zijn broer daarentegen, was onderdirecteur van een succesvol bedrijf. In zijn vrije tijd was hij een campagne begonnen om minder bedeelde kinderen in zijn gemeenschap te leren lezen. Hij was getrouwd met zijn schoolliefde. Samen kregen ze een kind en besloten vervolgens om nog twee kinderen te adopteren. Iemand die getroffen was door het opmerkelijke verschil tussen de twee broers, stelde aan allebei dezelfde vraag: "Wat heeft jou gemaakt tot degene die je nu bent?"

De criminele broer jammerde: "Het is allemaal de schuld van mijn vader. Hij was een alcoholist en sloeg ons zonder enige reden. Bovendien toonde hij ons nooit liefde of affectie. Nu ben ik net als hij geworden."

Toen dezelfde vraag gesteld werd aan de broer die onderdirecteur was, antwoordde hij: "Het komt in feite door mijn vader. Zijn leven was in ieder opzicht een mislukking. Ik heb gezworen dat ik anders zou zijn en dat ik zijn fouten niet zou herhalen. Op een bepaalde manier ben ik hem dankbaar. Hij toonde mij in ieder geval hoe je *niet* moet leven."

Beide broers hadden dezelfde slechte vader en dezelfde traumatische jeugd als input, maar zij toonden een totaal verschillende output. Alles hangt af van de toestand van datgene wat de ervaringen verwerkt, onze geest.

In het heldendicht de *Srimad Bhagavatam* staat een verhaal dat licht werpt op deze kwestie. Toen de boze koning Kamsa een voorteken gekregen had dat de achtste zoon van zijn zus hem zou doden, zette hij zijn zus Devaki en haar man Vasudeva gevangen. Iedere keer als het echtpaar een kind kreeg, pakte Kamsa het bij de voeten en sloeg het met het hoofd tegen een stenen blok.

Tijdens haar achtste zwangerschap kregen Devaki en Vasudeva een visioen van Heer Vishnu. Heer Vishnu droeg Vasudeva op om hun achtste kind, zodra hij geboren was, mee te nemen naar het dorp Vrindavan. Daar zou Yashoda, de vrouw van het dorpshoofd Nandagopa op dezelfde tijd een meisjesbaby krijgen. Vasudeva moest zijn zoon bij Yashoda en Nandagopa achterlaten en hun dochter mee terugbrengen naar Devaki. Toen Sri Krishna als het achtste kind van Devaki geboren werd, volgde Vasudeva de instructies van Heer Vishnu getrouw op.

Toen het nieuws dat het volgende kind geboren was Kamsa bereikte, rende de slechte koning naar de gevangeniscel waar de baby geboren was. Hij rukte het kind uit Devaki's armen, greep het bij de voeten en stond klaar om het met het hoofd tegen een rots te slaan. Kamsa wist niet dat het kind dat hij bij de voetjes vasthield, in feite Yogamaya, een incarnatie van de Goddelijke Moeder was. De godin ontglipte gemakkelijk uit zijn greep en begon in omvang toe te nemen. Toen Yogamaya hoog in de lucht boven hem uit torende, sprak ze tot Kamsa: "Je kunt me niet doden. Als ik dat zou willen, zou ik jou gemakkelijk kunnen doden, maar degene die voorbestemd is om jou te doden leeft, is gezond en buiten jouw bereik. Je lot is bezegeld."

Sommige geleerden hebben een andere theorie over de reden waarom Yogamaya het leven van Kamsa spaarde. Deze geleerden suggereren dat de Goddelijke Moeder zo meedogend is dat ze iedereen die zijn toevlucht bij haar zoekt, zal beschermen. Traditioneel is het aanraken van de voeten een uitdrukking van overgave. Hoewel Kamsa Yogamaya's voeten aanraakte met de intentie om haar te doden, stroomde haar hart over van mededogen met hem en spaarde ze zijn leven.

Net zoals Yogamaya in dit verhaal, geven mahatma's[2] zoals Amma altijd een positieve output, wat de input ook zijn mag. Voor Amma is de geest een instrument dat volkomen onder haar controle staat en het nooit af laat weten of slecht functioneert. Ik herinner me een echtpaar dat hun huwelijksproblemen vaak aan Amma voorlegde. De echtgenoot was erg driftig en gaf zijn vrouw altijd de schuld van hun problemen, maar iedere keer dat de man zich bij Amma over de tekortkomingen van zijn vrouw beklaagde, verdedigde Amma de vrouw trouw. Op een dag werd de man boos, deze keer niet op zijn vrouw, maar op Amma. Hij verhief zijn stem en klaagde dat Amma nooit naar zijn standpunt luisterde, dat hij meteen op dringende toon nog eens uitlegde. Amma luisterde en gaf geen enkele reactie. Toen hij tenslotte in stilte nog wat sputterde en naast Amma's stoel neerzakte, merkte Amma sereen op: "Zo, nu heb je je helemaal uitgeput...nu zul je tenminste vandaag niet boos op je vrouw worden. Zoon, kom alsjeblieft iedere keer dat je kwaad wordt naar mij en stort het over mij uit in plaats van over je vrouw. Amma heeft er helemaal geen hinder van, maar je vrouw wordt door je woorden in haar hart geraakt. Ze loopt daardoor moeizaam te helen wonden op en het is zelfs mogelijk dat ze een eind aan haar leven maakt." De man schaamde zich over zijn uitbarsting en was bang voor de mogelijke gevolgen. Hij verontschuldigde zich bij Amma en later ook bij zijn vrouw. Ik heb gehoord dat hij na dit incident veel vriendelijker tegen zijn vrouw geworden is en meer geduld met haar heeft.

Geïnspireerd door Amma's voorbeeld zijn vele toegewijden in staat om hun houding en gedachtepatronen aan te passen

---

[2] Letterlijk betekent *mahatma* 'grote ziel' Hoewel de term tegenwoordig in een bredere betekenis wordt gebruikt, verwijst de term mahatma in dit boek naar iemand die verblijft in het besef dat hij of zij één is met het Universele Zelf of Atman

en om positiever te reageren op negatieve situaties. Twee van de meest opmerkelijke voorbeelden hiervan komen uit Gujarat. Er is de toegewijde uit Gujarat wiens dochter nu in Amritapuri woont. Voordat de verwoestende aardbeving Gujarat in 2001 trof, woonde deze toegewijde met zijn vrouw en twee kinderen in Ahmedabad. Het was heel tragisch dat zijn vrouw en zoon bij deze ramp omkwamen. In een oogwenk verloor de man bijna alles. Hij liet zich echter niet door wanhoop overmannen en verloor zijn vertrouwen in God niet. Hij reisde naar Amritapuri en zocht Amma's leiding. Tijdens de tweedaagse treinreis vanuit Gujarat deelde hij zijn narigheden niet met zijn medepassagiers. In plaats daarvan sprak hij met hen over het leven en de leringen van Amma. Hij wierf zelfs twintig nieuwe abonnees op het maandelijkse spirituele tijdschrift van Amma. De man en zijn dochter kwamen 's avonds in Amritapuri aan. Het zingen van *bhajans* (devotionele zang) was afgelopen en Amma was net naar haar kamer gegaan. Toen Amma hoorde dat ze aangekomen waren, nodigde ze hen onmiddellijk uit om naar haar kamer te komen. Daar aangekomen nam Amma de hoofden van vader en dochter in haar schoot. Haar gezicht weerspiegelde het diepe verdriet van de echtgenoot en de vader, van de dochter en de zus. Tranen stroomden over Amma's wangen. Tenslotte vroeg de man: "Amma, wat moeten wij nu doen?"

Ze antwoordde: "Amma denkt dat het voor jullie allebei beter is om een poosje in de ashram te blijven. De ashram zal ook voor de verdere studie van je dochter zorgen."

Toen hij dit hoorde, klaarde het gezicht van de man op en riep hij uit: "Amma, wij zijn werkelijk gezegend!"

Hoewel hij om zijn vrouw en zoon treurde, liet hij zich door het gewicht van de tragedie niet verpletteren. Hij was ook duidelijk bezorgd over het welzijn van zijn jonge dochter en was dankbaar voor de gelegenheid om zijn verlies te verwerken door dienstbaarheid en spirituele oefening.

Na de aardbeving adopteerde Amma een aantal dorpen in Gujarat. Haar gesprekken met de bewoners van deze dorpen zijn tegenwoordig beroemd onder de toegewijden. Amma haalt namelijk de woorden van deze dorpelingen vaak aan als voorbeelden van opmerkelijke overgave en vertrouwen in God. Na de ramp vroeg Amma hoe het met hen ging. Ze antwoordden: "Het gaat ons goed. Wat God ons gegeven heeft, heeft Hij ook weer van ons weggenomen. Maar wij zijn blij dat Amma nu bij ons is."

Toen in 2001 de aardbeving delen van Gujarat verwoestte, reageerde Amma op dezelfde manier als op de tsunami bijna vier jaar later. Ze stuurde onmiddellijk artsen, ziekenwagens, brahmachari's en toegewijden om te helpen. Een jaar na de ramp had de ashram drie dorpen helemaal opnieuw opgebouwd, in totaal 1200 huizen, plus scholen, gemeenschapsruimten, waterreservoirs, medische voorzieningen en wegen. Ook werden elektriciteitsvoorzieningen en een rioleringsstelsel aangelegd in het gebied dat Bhuj heet. Hier was het epicentrum van de aardbeving en de schade het grootst.

Toen de *sarpanch* (dorpshoofd) van een door Amma geadopteerde dorp hoorde dat Amma's eigen dorp getroffen was door de tsunami, namen hij en negen andere dorpelingen uit Gujarat de trein naar het zuiden om in Amritapuri hun hulp aan te bieden.

De sarpanch zei: "Toen de dingen er voor ons slecht uitzagen, kwam Amma ons te hulp en bouwde dorpen. Nu de dingen er slecht uitzien voor het dorp van Amma, is het ons dharma om te helpen." Zo is de mentaliteit van de mensen uit Bhuj.

Iemand die al lang aan Amma toegewijd was en het grootste deel van zijn tijd in Amritapuri doorbracht, was naar zijn vaderland teruggekeerd om wat dringende familiezaken te regelen. Daardoor was hij op het moment van de tsunami niet in Amritapuri. Bezorgd volgde hij de ontwikkelingen door de dagelijkse verslagen op de website van de ashram te lezen. Toen hij weer in India terugwas, vertelde hij dat hij een diep verdriet voelde dat hij niet meer had kunnen doen om de schade aan de ashram te herstellen en de slachtoffers van de tsunami te helpen. De volgende keer dat hij naar huis ging, brak er oorlog uit en werd zijn land verwoest. Eigenlijk was deze toegewijde van plan in de eerste dagen van de oorlog naar Amritapuri terug te keren. Hij hielp eerst het merendeel van zijn familieleden om naar veiliger landen te ontsnappen. Daarna vroeg hij Amma's zegen om in zijn land te blijven en de gewonden en ontheemden te helpen. Toen hij door de straten liep die door de oorlog geteisterd werden, vond hij toch nog een moment om ons een e-mail te sturen. Hij schreef: "Dit is mijn tsunami. Ik zou kunnen vluchten zoals vele anderen de afgelopen dagen deden, maar met Amma's voorbeeld in mijn gedachten kan mijn hart niet anders dan diep bewogen zijn door de pijn en het lijden van al deze bedroefde families. Iedere keer dat ik een wanhopige persoon ontmoet, denk ik aan Amma's glimlach. Dan doe ik alles wat ik kan om deze mensen troost en geluk te geven."

Het is een feit in het leven van alle tijden en plaatsen, maar vooral in het leven van deze tijd, dat we niet kunnen verwachten dat we alleen gelukkige mensen en vreedzame situaties tegenkomen. Ook al zijn de objecten van onze aandacht onplezierig of pijnlijk, zolang het subject van onze geest in een goede conditie is, kunnen we voorkomen dat we overspoeld worden door wanhoop, boosheid of depressie en zal onze reactie de mensen die we ontmoeten goed doen. Met een geest die geworteld is in spirituele principes en krachtig is door spirituele beoefening kunnen we altijd op een positieve manier een antwoord geven in plaats van automatisch en vaak negatief te reageren op de input die we krijgen. ❖

Hoofdstuk 3

Hier komt een mens: het beste van het leven op aarde maken

Alleen de allerwijste en de allerdomste mensen veranderen nooit.

— Confucius

We doen in ons leven veel ervaringen op, leren veel dingen en verrichten veel handelingen. Als mens hebben we allemaal meerdere persoonlijkheden; er is de ervarende persoonlijkheid, de kennende persoonlijkheid en de handelende persoonlijkheid. We kunnen ook zeggen dat onze persoonlijkheid deze drie verschillende aspecten heeft.

Vanaf het moment van onze geboorte ervaren we de wereld door onze zintuigen. Het ervarende aspect van onze persoonlijkheid stelt ons in staat om contact te maken met zowel het plezierige als het onplezierige in de wereld om ons heen. Het manifesteert zich vanaf het allereerste moment van ons leven in de wereld.

Het kennende aspect van onze persoonlijkheid stelt ons in staat om kennis te vergaren. We zijn allemaal bedeeld met het vermogen tot begrijpen, waarmee we van de wereld kunnen leren.

Het derde aspect van onze persoonlijkheid, dat we kennen als de doener of het handelende aspect, begint pas later in ons leven. Als baby plannen of handelen we niet doelbewust. We schreeuwen en huilen natuurlijk en maken onze luiers vies, maar dit zijn geen goed geplande handelingen met een bepaald motief. Deze handelingen zijn eerder instinctief. Pas later gaan we doelbewuste handelingen uitvoeren.

Voor elk van deze drie aspecten van onze persoonlijkheid ligt een uitgestrekt veld van activiteit open; de mogelijkheden tot ervaren, leren en handelen zijn oneindig. Jammer genoeg is ons leven te kort om veel te ervaren, te leren of te doen.

Gezien de beperkte tijd die we tot onze beschikking hebben, moeten we keuzes maken. Aan welk aspect van onze persoonlijkheid geven we de voorkeur? Als we ons enkel door instinct laten leiden, geven we zeker de voorkeur aan ervaren. De lerende en handelende aspecten van onze persoonlijkheid staan dan ten dienste van het ervarende aspect.

Dat we een te grote nadruk leggen op plezierige ervaringen is al duidelijk als we nog op school zitten en we gericht zouden moeten zijn op leren. De meesten van ons hechten het meeste belang aan opleidingen waarin onderwezen wordt hoe we zoveel mogelijk geld kunnen verdienen. Deze tendens zet zich tijdens ons hele leven voort.

Op een dag ging een man naar een boekhandel omdat hij op zoek was naar een boek met de titel *Hoe word ik binnen een dag miljardair*. De verkoper overhandigde de man twee boeken. De man zei: "Eén boek is genoeg."

De verkoper antwoordde: "Ik geef u één exemplaar van *Hoe word ik binnen een dag miljardair*. Maar als iemand naar dit boek vraagt, geven we er altijd een ander boek bij. Dat is een speciale aanbieding."

Plotseling was de klant erg geïnteresseerd. "Werkelijk?" vroeg hij. "Waarover gaat het tweede boek?"

De verkoper antwoordde: "Het is een kopie van het wetboek van strafrecht."

Dit verhaaltje laat ons zien dat we in moeilijkheden kunnen raken als we ons volledig richten op plezierige ervaringen zonder kennis te verzamelen en zonder juist te handelen.

Onlangs hoorde ik een verhaal dat op tragische wijze illustreert dat wij in onze tijd een te grote nadruk op ervaren leggen. Het gaat over een bergbeklimmer die stierf aan zuurstoftekort en bevriezing tijdens zijn afdaling van de top van de Mount Everest. Het meest treurige aspect van dit verhaal is dat de Mount Everest niet meer het troosteloze niemandsland is dat het in 1953 was toen Sir Edmund Hillary de eerste was die de top bereikte. Met de komst van nieuwe technieken en de beschikbaarheid van ervaren gidsen is de Mount Everest een soort toeristische attractie geworden, hoewel erg duur en verraderlijk. Veertig mensen liepen de stervende man voorbij toen ze de helling beklommen. Al deze mensen hadden hun kans om de top te bereiken kunnen opofferen om het leven van de stervende man te redden. Ze hadden hem zuurstof kunnen toedienen en hem kunnen helpen om naar beneden te komen. Niemand deed dat. Iedereen was volkomen gericht op de sensatie die het bereiken van de top hun zou geven en niet op een andere persoon die wanhopig behoefte aan hulp had.

In feite zijn we niet veel anders dan dieren als we aan het ervarende aspect van onze persoonlijkheid voorrang geven. De persoonlijkheid van een dier heeft slechts een aspect, namelijk het ervarende aspect. Een ezel en een chimpansee gaan niet naar school of komen niet naar een satsang omdat de kennende persoonlijkheid ontbreekt. Een koe kan geen gewaagde ontsnapping van de boerderij plannen omdat ze geen handelende persoonlijkheid heeft. Alle gedragingen van een dier worden geregeld door zijn instinct. Wij hebben het ervarende aspect van onze persoonlijkheid gemeen met dieren. Zelfs als we de beste, plezierigste en meest gevarieerde ervaringen van de wereld hebben, is dit nog geen geweldige prestatie voor een mens; het is als wedijveren met de dieren. Misschien wordt de competitie om werelds succes daarom de 'rattenrace' genoemd. Het probleem met een rattenrace is dat je, zelfs als je wint, nog steeds een rat bent.

Er was een avadhuta[1] in Tamil Nadu die spiernaakt rondliep. Iedere keer als iemand hem passeerde, gaf hij luid commentaar: "Daar loopt een hond!" of "Daar loopt een ezel!" Hij deed deze waarnemingen aan de hand van de *vasana's* (latente neigingen) die in iedere voorbijganger overheersten. Op zekere dag kwam een mahatma met de naam Ramalinga Swami deze avadhuta op straat tegen. Zodra de avadhuta Ramalinga Swami naderbij zag komen, riep hij uit: "Hier komt een mens!" Terwijl hij dit zei, greep hij een lap stof die vlakbij op de grond lag en wikkelde hem om zijn middel. De avadhuta beschouwde alle mensen die geen menselijke eigenschappen als liefde, mededogen of vriendelijkheid bezaten, als louter dieren; in hun aanwezigheid had hij geen enkele behoefte om kleren te dragen. Maar hij zag Ramalinga Swami, die zijn eenheid met de gehele schepping had gerealiseerd, als een echt mens. Alleen in de aanwezigheid van een dergelijke ware meester schaamde hij zich voor zijn naaktheid. De geschiedenis bewees dat de avadhuta gelijk had; Ramalinga Swami liet op het einde van zijn leven geen lichaam achter, maar verdween in een goddelijk, stralend licht.

Ik heb eens een prachtig verhaal gehoord over een wereldberoemde violist die een concert gaf in New York City. Omdat de musicus in zijn jeugd polio had gehad, droeg hij nu beensteunen en liep hij met krukken. Die avond wachtte het publiek, zoals gewoonlijk, in alle rust, toen hij voorzichtig over het podium zijn weg zocht naar zijn stoel, langzaam de beensteunen afdeed en zijn viool oppakte. Tenslotte knikte hij naar de dirigent en de symfonie begon.

---

[1] Een heilige wiens gedrag niet overeenkomt met de sociale normen.

Maar deze keer ging er iets mis. Halverwege het optreden brak er een snaar van zijn viool. Het publiek bereidde zich voor op een langdurig oponthoud. Maar de violist pauzeerde alleen maar, sloot zijn ogen en gaf vervolgens de dirigent een teken om weer te beginnen.

Het orkest begon en hij speelde verder vanaf het punt waar hij gebleven was. Je zou denken dat een symfonie, gespeeld op slechts drie snaren afschuwelijk zou klinken. De maestro slaagde er echter in om het stuk opnieuw vorm te geven terwijl hij verder speelde zonder ook maar een enkele valse noot aan te slaan. Het was niet hetzelfde, maar het klonk goed. Sommigen vonden het zelfs mooier dan het origineel.

Aan het eind gaf het publiek hem een staande ovatie. Toen de mensen weer tot rust gekomen waren, glimlachte de musicus en zei zachtjes: "Weet u, soms is het de taak van de kunstenaar om uit te vinden hoeveel muziek je kunt maken met het weinige dat je nog hebt."

Als de musicus zijn aandacht gericht had op zijn eigen ervaring, dan zou hij beslist gefrustreerd zijn door deze extra tegenslag, een gebroken snaar terwijl hij al gebroken armen en benen had. In plaats daarvan richtte hij zich echter op wat hij geleerd had en op wat hij nog steeds kon doen. Zo bracht hij, dankzij het probleem, iets mooiers voort dan het originele werk.

Volgens de geschriften van *Sanatana Dharma*[2] moeten we het kennende of het handelende aspect van onze persoonlijkheid laten domineren om als mens werkelijk een succes van ons leven te maken. Onze kennis en wat we doen maken ons als mens goed en succesvol, niet wat we ervaren.

---

[2] Sanatana Dharma is de oorspronkelijke naam van het hindoeïsme. Het betekent 'De eeuwige manier van leven'.

Op een dag kwam er een vrouw voor darshan naar Amma en zei: "Amma, mijn hand doet voortdurend pijn en dat maakt mijn leven tot een hel."

Amma antwoordde: "Ik begrijp het, mijn dochter, Amma's hele lichaam doet altijd pijn."

Amma's woorden waren voor deze vrouw een openbaring. Haar hele leven draaide om de pijn in haar hand. Amma had heel wat meer pijn. Toch stond ze duidelijk niet toe dat dit haar bezigheden hinderde of haar stemming hoe dan ook beïnvloedde.

Als we kijken naar de wijze waarop Amma haar leven leidt, zien we dat ze helemaal geen belang hecht aan haar eigen ervaring. In plaats daarvan is ze volledig gevestigd in de Allerhoogste Kennis en handelt ze geheel en al op een manier die dienstbaar is aan de wereld. Reeds als jong meisje wilde Amma altijd iets doen. Tussen alle huishoudelijke karweitjes voor haar eigen familie door, wist ze ook altijd tijd te vinden om huishoudens in de buurt te bezoeken en te helpen waar ze kon. Ze bad tot God: "Geef me alstublieft meer en meer van Uw werk. Laat me nooit zonder werk dat ik in Uw naam kan doen."

Ook nu nog leeft Amma volgens deze filosofie. Als het ernaar uitziet dat het darshanprogramma vroeg afgelopen zal zijn, doet Amma wat ze kan om het langer te laten duren. Ze geeft meer tijd aan ieder individu en zingt zelfs bhajans tijdens het geven van darshan. Soms houdt ze een persoon gedurende een heel lied tegen haar schouder. Veel leden van het team dat met Amma op haar buitenlandse tournee meegaat, zien hoe hard ze werkt zonder voedsel of rust te nemen. Ze willen haar last niet vergroten door zelf voor darshan te gaan. Maar bij deze gelegenheden nodigt Amma zelfs het team van ongeveer 150 mensen uit voor een darshan.

Wat mijzelf betreft, als ik een grote menigte voor Amma's darshan zie, zou mijn eerste gedachte kunnen zijn: "Vanavond

44

wordt het een lange nacht. Ik zal niet veel kunnen slapen voordat het ochtendprogramma begint." Als de menigte erg groot is, denk ik niet meer aan mezelf en maak ik me zorgen over Amma. Maar Amma maakt zich helemaal geen zorgen.

In 2006 tijdens Amma's tournee door Noord-India was de menigte in sommige plaatsen werkelijk gigantisch; soms waren er honderdduizenden mensen. Bij het zien van zo'n menigte en beseffend dat Amma iedereen die het geduld heeft om te wachten gaat omhelzen, kun je alleen vrees voelen. Als wij in haar schoenen zouden staan, zouden we wegrennen naar de dichtstbijzijnde auto en ontsnappen. Amma zou zeker een soortgelijke reactie gehad hebben, als ze de nadruk zou leggen op het ervarende aspect van haar persoonlijkheid. Maar Amma gaf alleen maar te kennen dat ze gelukkig was omdat ze zag dat zoveel van haar kinderen op één plaats bij elkaar gekomen waren.

Als Amma haar tourschema plant, reserveert ze nooit tijd voor rust. Na de zware, twee maanden durende tournee door Noord-Amerika, vragen de Swami's Amma altijd om ergens een of twee dagen rust te nemen voordat ze weer terugkeert naar de ashram in India. Maar Amma wil altijd meteen de volgende dag vertrekken. Ze zegt dan dat haar kinderen in India op haar wachten. Dit laat nogmaals zien dat ze geen enkel belang aan haar eigen gemak hecht.

Natuurlijk zegt Amma niet dat we niet van plezierige dingen mogen genieten, maar wel dat deze gebaseerd moeten zijn op dharma. Wat we voor onszelf willen, mag anderen geen schade berokkenen. We kunnen rijkdom verwerven en onze wensen vervullen, als we het maar met de juiste middelen doen. De Taittiriya Upanishad (1.11.1) zegt hierover: "Verwaarloos nooit je welzijn; verwaarloos nooit de zorg voor je voorspoed." De Veda's bevatten veel rituelen die, als ze juist uitgevoerd worden, ons zullen helpen om onze verlangens te vervullen[3]. In feite moedigen de geschriften ons aan om rijk te zijn, niet ter vergroting van onze macht, maar zodat we de vrijheid hebben om onze rijkdom te delen met de arme en behoeftige mensen.

Wanneer we het ervarende aspect van onze persoonlijkheid dwingen zich aan dharma te houden, zal dit de noodzaak van offers en discipline met zich meebrengen. Dit zal onze geest in grote mate zuiveren. En dat zorgt er weer voor dat we rustig en vredig kunnen blijven zowel bij plezierige als bij onplezierige ervaringen.

Tijdens de Amerikaanse burgeroorlog kwamen enkele priesters uit het noorden naar Abraham Lincoln om hem moed in te spreken bij zijn oorlog tegen de slavernij. Ze zeiden tegen hem: "Meneer de President, denkt u niet dat God aan onze kant staat?"

Lincoln antwoordde: "Het is voor mij niet van belang of God aan onze kant staat. Ik vind het belangrijk dat ik aan Gods kant sta."

Aan de kant van God staan betekent handelen in overeenstemming met dharma. Omdat Amma gevestigd is in de kennis van haar eenheid met Brahman, houdt ze altijd, zelfs onder de moeilijkste omstandigheden, strikt vast aan dharma. Hoewel de ashram door de Aziatische tsunami in 2004 grote schade opliep en flinke materiële en financiële schade leed, was Amma's allereerste zorg helemaal niet om de ashram. Zonder Amma zouden de bewoners van de ashram misschien wel zijn overweldigd door de schade en de vernielingen; zij zouden misschien gereageerd hebben in plaats van een antwoord op de verwoesting te geven.

[3] De Veda's bestaan uit twee delen, de *Karma Kanda* (het deel over rituelen) en de *Jnana Kanda* (het deel over kennis). De Karma Kanda beschrijft rituelen die bedoeld zijn om de wensen van de mensen te vervullen, terwijl ze tegelijkertijd de belangstelling voor spiritualiteit opwekken. De Jnana Kanda gaat uitsluitend over de kennis van Brahman, de Allerhoogste Waarheid.

Maar Amma's antwoord was onmiddellijk, spontaan en perfect. Amma had nooit enige opleiding gehad in management bij rampen en crises. Toch liet ze zien dat ze hierin een meester was. Zodra het water de ashram binnenstroomde, was haar eerste prioriteit om de dorpelingen naar het vasteland[4] in veiligheid te brengen. Daarna richtte ze haar aandacht achtereenvolgens op de toegewijden, op de ashrambewoners, op de dieren die in de ashram verbleven en het laatst van allemaal op zichzelf. In plaats van zich terug te trekken op een veilige plaats was Amma de laatste die het getroffen gebied verliet, maar pas nadat ze zich ervan verzekerd had dat iedereen veilig naar het vasteland vervoerd was.

Als we een ongeluk krijgen, dan besteden we de meeste aandacht aan het lichaamsdeel dat het zwaarste gewond is. Zo ook richtte Amma, die haar Zelf in alle levende wezens ziet, haar zorg op het welzijn van degenen die de zwaarste verliezen geleden hadden. In de dagen die volgden vergoot Amma veel tranen, maar die waren niet voor de verliezen van de ashram, maar omdat ze deelde in de pijn en het verdriet van de dorpelingen die door de tragedie getroffen waren. In de geschriften staat: "Als je anderen helpt, help je in werkelijkheid jezelf." Als het kennende aspect van onze persoonlijkheid volledig ontwikkeld is, zullen we in staat zijn om deze Waarheid te zien, dat hetzelfde Zelf aanwezig in iedereen en in de gehele schepping is, en zullen al onze handelingen op het welzijn van de hele wereld gericht zijn.

In het begin is het misschien moeilijk om ons eigen Zelf in iedereen te zien. Maar als we ieder mens zien als een kind van Amma of als een kind van God, zal het gemakkelijk zijn om alle mensen te zien als onze broers en zussen in een wereldwijde familie. Amma zegt: "De zorg voor een baby is voor een babysitter misschien een vermoeiende taak, maar voor de moeder is het een

---

[4] De ashram is gelegen op een smal schiereiland tussen de binnenwateren van Kayamkulam en de Arabische zee.

vreugde." Als we deze houding kunnen aannemen en iedereen als onszelf kunnen zien, dan wordt elk van onze handelingen een beloning in zichzelf en kunnen we licht brengen in het leven van iedereen die we ontmoeten. En niet alleen anderen zullen hier baat bij hebben. Amma zegt: "Als wij bloemen cadeau geven, dan zijn wij de eersten die van hun geur genieten." Op dezelfde manier ervaren we een veel dieper geluk en een diepere vrede als we onze eigen verlangens opgeven om anderen gelukkig te maken, dan wanneer we onze eigen zelfzuchtige wensen vervullen. Dit is geen gemeenplaats; er is hier een fundamenteel principe van spirituele kennis aan het werk. Zulke handelingen vergroten onze mentale zuiverheid, waardoor onze geest beter de inherente gelukzaligheid van het Zelf kan weerspiegelen. ❧

Hoofdstuk 4

Ons op het Zelf richten

yasya brahmani ramate cittam
nandati nandati nandatyeva

Degene wiens geest onophoudelijk op Brahman gericht is,
is gelukzalig, is gelukzalig, hij is alleen maar gelukzalig.

— Bhaja Govindam, vers 19

Er is een verhaal over een mahatma die van een van zijn toegewijden een buitengewoon kostbare smaragd kreeg. Het gerucht dat de mahatma dit begerenswaardige juweel in bezit had, deed snel de ronde. Het duurde niet lang of een dorpeling benaderde de mahatma en vroeg hem om hulp bij het oplossen van zijn financiële problemen. Tot grote verrassing van de dorpeling overhandigde de mahatma hem de kostbare smaragd zonder de minste aarzeling. Dolblij ging de dorpeling naar huis. De volgende dag echter, kwam diezelfde dorpeling bij de mahatma terug. Hij zag er uitgeput en bezorgd uit. Nadat hij een buiging voor de mahatma gemaakt had, gaf de dorpeling het kostbare juweel aan hem terug. De mahatma vroeg: "Wat is het probleem?"

"Ik heb vannacht geen oog dicht gedaan," verklaarde de dorpeling. "De mahatma is bereid om een zo waardevol juweel in een oogwenk weg te geven. Daardoor bedacht ik dat hij iets moest hebben wat nog veel kostbaarder is." De dorpeling vervolgde: "Grote Meester, geef mij alstublieft de schat die het u mogelijk maakte om dit juweel zo gemakkelijk weg te geven."

De mahatma vroeg hem: "Ben je daar werkelijk in geïnteresseerd? Ben je bereid om deze schat tegen elke prijs te verwerven?"

Toen de dorpeling een bevestigend antwoord gaf, nam de mahatma hem aan als zijn leerling om hem in de spirituele waarheid te onderwijzen.

Amma is bereid om ons de onbetaalbare rijkdom van spirituele kennis te geven als wij daarin werkelijk geïnteresseerd zijn. Jammer genoeg zijn de meesten van ons er niet mee bezig om deze verborgen schat te vinden. In plaats daarvan richten wij ons op het verwerven van het goedkope namaakjuweel van onmiddellijke bevrediging dat in de wereld om ons heen gemakkelijk verkrijgbaar is. Amma geeft vaak als voorbeeld dat je een kind de keuze geeft tussen een schaal met chocolaatjes en een schaal met gouden munten. Het kind zal altijd de chocolade kiezen, omdat hij niet weet dat hij de gouden munten kan gebruiken om zoveel chocolade te kopen als hij wil en veel meer dan dat.

In de hindoeïstische geschriften staat een gezegde: "Iemand die het Eeuwige verzaakt bij het najagen van het tijdelijke, verliest het Eeuwige, maar ook het tijdelijke blijft niet bij hem."

We missen de kans om ons Ware Zelf te realiseren als we al onze tijd doorbrengen met het verwerven van naam, faam en rijkdom. En aan het eind zal alles wat we in deze wereld verkregen hebben, al onze bezittingen, onze verwanten en geliefden, voor ons verloren gaan. Hierin hebben we geen keuze. De enige keuze die we hebben is of we al dan niet ons leven zo goed mogelijk gebruiken om onze ware natuur te realiseren.

Onlangs vroeg een journalist aan Amma: "U bent zo ver gekomen in uw leven. U bent van een onbekend meisje dat in een onbekend dorp leefde, geworden tot een van de internationaal best bekende spirituele en humanitaire leiders in de wereld. Hoe ziet u dit als u terugkijkt op uw leven?"

Amma antwoordde: "Ik kijk nooit terug; ik kijk altijd naar mijn Zelf." Dit betekent niet dat Amma letterlijk naar zichzelf in de spiegel kijkt, maar dat ze geen spijt heeft over het verleden of angst voelt voor wat de toekomst zal brengen. Dit komt doordat ze altijd gericht is op het Allerhoogste Bewustzijn, dat ook het Atman of het Zelf genoemd wordt, omdat het onze ware natuur is.

Als we ons richten op de wereld buiten ons, worden we beïnvloed door alle veranderingen die in de wereld plaatsvinden. Alles in de buitenwereld is onderhevig aan verandering en vernietiging. Wanneer we iets of iemand verliezen of wanneer iets verandert of vernietigd wordt, ervaren we boosheid, verdriet, frustratie en andere negatieve emoties. Aan de andere kant is ons ware Zelf onveranderlijk. Het is alomtegenwoordig, almachtig en alwetend. We zijn volmaakt tevreden en we kunnen niet anders dan gelukzaligheid ervaren als onze geest op dit Hoogste Zelf gericht is.

Amma is altijd vredig en onverstoord ongeacht de omstandigheden. De meesten van ons zijn plezierig om mee om te gaan zolang de dingen gaan zoals we willen, maar zodra we door iets gehinderd worden, verliezen we onze gemoedsrust. Laten we een simpel voorbeeld nemen. Stel je eens voor hoe het met je gemoedsrust gesteld is, als je aankomt op het vliegveld en het blijkt dat onze vlucht is uitgesteld. Zelfs als we niets dringends op onze agenda hebben, worden we vreselijk rusteloos; we kunnen ons zelfs niet op CNN concentreren. Iedere vijf of tien minuten gaan we naar het ticketloket, daartussenin lopen we heen en weer, bellen onze familie op en klagen samen met onze medepassagiers die ook vertraging hebben.

Ik hoorde het volgende verhaal. Op een dag, toen een vlucht herhaaldelijk was uitgesteld, waren de passagiers in de vertrekhal moe en chagrijnig. Het luchthavenpersoneel probeerde om de vrolijkheid erin te houden. De gevoelens van een van hen waren echter duidelijk toen het vliegtuig eindelijk klaar was. Hij kondigde aan: "Reizigers voor vlucht 128 kunnen nu instappen. We zullen voorrang geven aan kinderen die alleen reizen, aan ouders met kleine kinderen en aan volwassenen die zich als kinderen gedragen."

Amma's reactie op dezelfde situatie is heel anders. Tijdens haar tournee door Noord-Amerika in 2006 liepen Amma's vluchten een aantal keren vertraging op. In plaats van te klagen of haar handen in wanhoop ineen te slaan was Amma's reactie heel kalm en rustig. Ze gebruikte de tijd om nieuwe bhajans te oefenen, te informeren naar de gezondheid van de toegewijden die met haar meereisden, spirituele kennis op haar leerlingen over te dragen en om herinneringen op te halen aan humoristische incidenten tijdens de darshan. Bij deze gelegenheden was Amma helemaal niet van slag door de vertraging van haar vlucht. En de toegewijden die met haar meereisden, waren haar daarvoor dankbaar. Het vertrek van één vlucht was twee uur vertraagd. Sommige toegewijden die al eerder een vlucht hadden en Amma niet op het vliegveld wilden achterlaten, waren wanhopig. Een vrouw begon vurig te bidden dat haar vlucht ook oponthoud zou hebben. De volgende keer dat ze op de monitor met de vertrektijden keek, zag ze dat ook haar vlucht voor onbepaalde tijd was uitgesteld. Ze sprong een gat in de lucht van blijdschap en rende naar Amma om haar het grote nieuws te vertellen en om haar voor haar zegen te bedanken.

Als Amma er niet geweest was, zouden dezelfde mensen net zo rusteloos en van slag zijn geweest als ieder ander die met een vertraagde vlucht te maken heeft. Misschien zouden ze zelfs schadevergoeding bij de luchtvaartmaatschappij indienen. Het werd echter een gelukzalige ervaring voor hen omdat ze bij Amma waren.

Er zijn natuurlijk extremere voorbeelden van serieuze tegenslag die Amma en haar gezelschap op tournee zijn tegengekomen.

Als we naar deze gebeurtenissen kijken, zien we dat Amma nooit door vrees of angst overmand is, hoe ernstig de moeilijkheden ook zijn. Zestien jaar geleden, in augustus 1990, bezocht Amma Moskou. Ze gaf het eerste avondprogramma in een nogal sobere zaal. Zoals gewoonlijk werd de boekwinkel opgebouwd, maar toen Amma de extreme armoede zag van de mensen die bijeengekomen waren om haar te ontmoeten, gaf ze instructies om alles in de boekwinkel aan de bezoekers van het programma gratis uit te delen.

De volgende morgen tijdens de darshan werden we ons op een bepaald moment ervan bewust dat er tanks door de straten reden. Toen we terugkeerden naar het huis van de toegewijde waar Amma logeerde, hoorden we dat er een staatsgreep had plaatsgevonden. Gorbatsjov stond onder huisarrest, de luchthaven was gesloten en de hoofdwegen waren versperd. De regering had op ieder kruispunt tanks opgesteld en om het Kremlin heen stond een enorme ring van tanks die gericht waren op mogelijke aanvallers.

Eerst waren sommigen van ons die met Amma meereisden erg bezorgd. De Russische toegewijden in het huis kwamen huilend naar Amma toe, omdat ze overmand waren door angst voor een grote burgeroorlog. Maar Amma zelf was kalm. Ze zei tegen de plaatselijke toegewijden en tegen ons dat we ons geen zorgen moesten maken en dat alles goed zou komen.

Weldra werd het duidelijk dat Amma's woorden uitkwamen. De volgende dag werd het vliegveld weer geopend en er werden slechts weinig mensen gewond bij deze poging tot een staatsgreep die voorafging aan de relatief vreedzame val van het communisme. Later gaf een Russische toegewijde het volgende commentaar: "De komst van Amma symboliseerde het opener worden en het genezen van Rusland. Haar aanwezigheid in Rusland stelde mensen in staat om hun hart te zuiveren, in zichzelf te geloven en op te komen voor de waarheid."

Die avond vertelden de Russische toegewijden aan Amma dat het niet mogelijk was om het programma voor het publiek volgens schema te geven. Hoewel alle huizen in de buurt waren afgesloten en de ramen waren geblindeerd omdat de bewoners zich uit vrees voor hun leven verborgen hielden, vroeg Amma haar gastheren de deuren van hun huis open te zetten zodat iedereen die dat nog steeds wilde, de gelegenheid zou hebben om Amma te bezoeken. De volgende dag werd het programma informeel in de achtertuin van de gastheer gehouden. Er kwamen die dag veel Russen naar Amma voor troost, leiding en het ontvangen van een mantra. Zelfs terwijl de tanks door de straten rolden, werden de gevaren van het moment grotendeels vergeten in de aanwezigheid van Amma.

Omdat Amma zich niet door angst of vrees uit het veld liet slaan, kon ze aanwezig zijn als een bron van vrede en leiding en een toevlucht bieden aan de Russische toegewijden in wat anders misschien wel een van hun donkerste uren geweest zou zijn. Zelfs temidden van een dergelijke opschudding bleef Amma kalm en tevreden, rustend in de vrede van het onveranderlijke Zelf.

Men kan het concept van gericht zijn op het Zelf beter begrijpen door de metafoor van het kijken naar een film. Na het kijken naar een film kunnen we verrukt, verdrietig, verveeld, energiek of geïnspireerd zijn al naar gelang de gebeurtenissen in de film. Maar in werkelijkheid deden wij niets. Alle actie was gewoon op het filmdoek. De verandering in onze geest werd niet teweeggebracht door die actie zelf, maar door onze identificatie met de handelingen van de personages in de film. Op vergelijkbare wijze wordt ons ware Zelf niet beïnvloed door wat er in de wereld gebeurt. Het is eenvoudig getuige van alles wat er gebeurt. In feite zijn wij niet bij de activiteit betrokken. Ons ware Zelf is te vergelijken met het scherm en niet met de personages in de film. Omdat we ons echter identificeren met lichaam, geest en intellect, voelen we ons opgetogen bij succes en gedeprimeerd bij falen.

Als we willen voorkomen dat we door de film beïnvloed worden, moeten we ons voortdurend identificeren met, ofwel ons bewustzijn gericht houden op, het scherm. Op dezelfde manier kunnen we de ups en downs van het leven overwinnen als we leren om ons te identificeren met het Atman in plaats van met ons lichaam, onze geest en ons intellect. Deze verandering van het aandachtspunt – van het schijnbare naar het Werkelijke, van het tijdelijke naar het Eeuwige – is het geheim van innerlijke vrede. Dit is het verschil tussen de spirituele meesters en onszelf. Waarheen een meester ook kijkt, hij ziet alleen het Allerhoogste Bewustzijn of zijn eigen Ware Zelf, ondeelbaar, perfect, compleet.

Natuurlijk zal niemand beweren dat het gemakkelijk is om je op het Atman te concentreren, dat voorbij alle eigenschappen is. Amma's kinderen vinden het vaak gemakkelijker om hun aandacht te richten op Amma en op de kostbare herinneringen die ze in ieder persoonlijk contact met haar toegewijden creëert. De aandacht richten op Amma is hetzelfde als de aandacht richten op het Zelf of God, omdat Amma zich volkomen met het Atman ,;;lidentificeert. Deze brug naar Godsbewustzijn is een van Amma's grootste geschenken aan haar kinderen.

Het gericht zijn op het Atman betekent echter niet dat we alleen maar met gesloten ogen in een hoek moeten zitten. Na de tsunami verbood Amma de brahmachari's zelfs om te zitten mediteren als ze konden werken om het puin in de dorpen op te ruimen en later om te helpen bij het bouwen van huizen voor de slachtoffers van de tsunami. Amma zegt: "Echte meditatie betekent God of ons ware Zelf zien in alles in de schepping." ❖

Hoofdstuk 5

Bestaan, Bewustzijn, Gelukzaligheid

"Op het moment dat je God realiseert, zul je voor altijd in de allerhoogste gelukzaligheid gevestigd zijn."

– Amma

En journalist nam een man een interview af op zijn honderdste verjaardag. Eerst stelde de journalist enkele vragen over het geheim van zijn hoge leeftijd. Vervolgens nam hij de hand van de oude man in de zijne en zei plechtig: "Meneer, ik hoop dat ik volgend jaar weer de kans krijg om u een fijne verjaardag te wensen."

De honderdjarige antwoordde: "Waarom zou je die kans niet hebben; je ziet er zo gezond uit als een paard!" Ondanks zijn hoge leeftijd weigerde de man nog steeds om de mogelijkheid dat hij op een dag zou sterven onder ogen te zien.

Ongeacht cultuur, sekse, sociale positie en andere oppervlakkige verschillen zoeken alle mensen in essentie naar drie dingen in het leven. In de eerste plaats willen we dat ons leven zo lang mogelijk is; sommigen van ons zoeken zelfs naar manieren om de dood te misleiden. De farao's in Egypte getroostten zich veel moeite om zich ervan te verzekeren dat hun lichaam goed bewaard bleef en dat ze volop voedsel en zelfs levende bedienden hadden om hen in het leven na de dood te vergezellen. Tegenwoordig zijn er mensen die, als ze geconfronteerd worden met het vooruitzicht van hun naderende einde, de mogelijkheid overwegen om zich bij

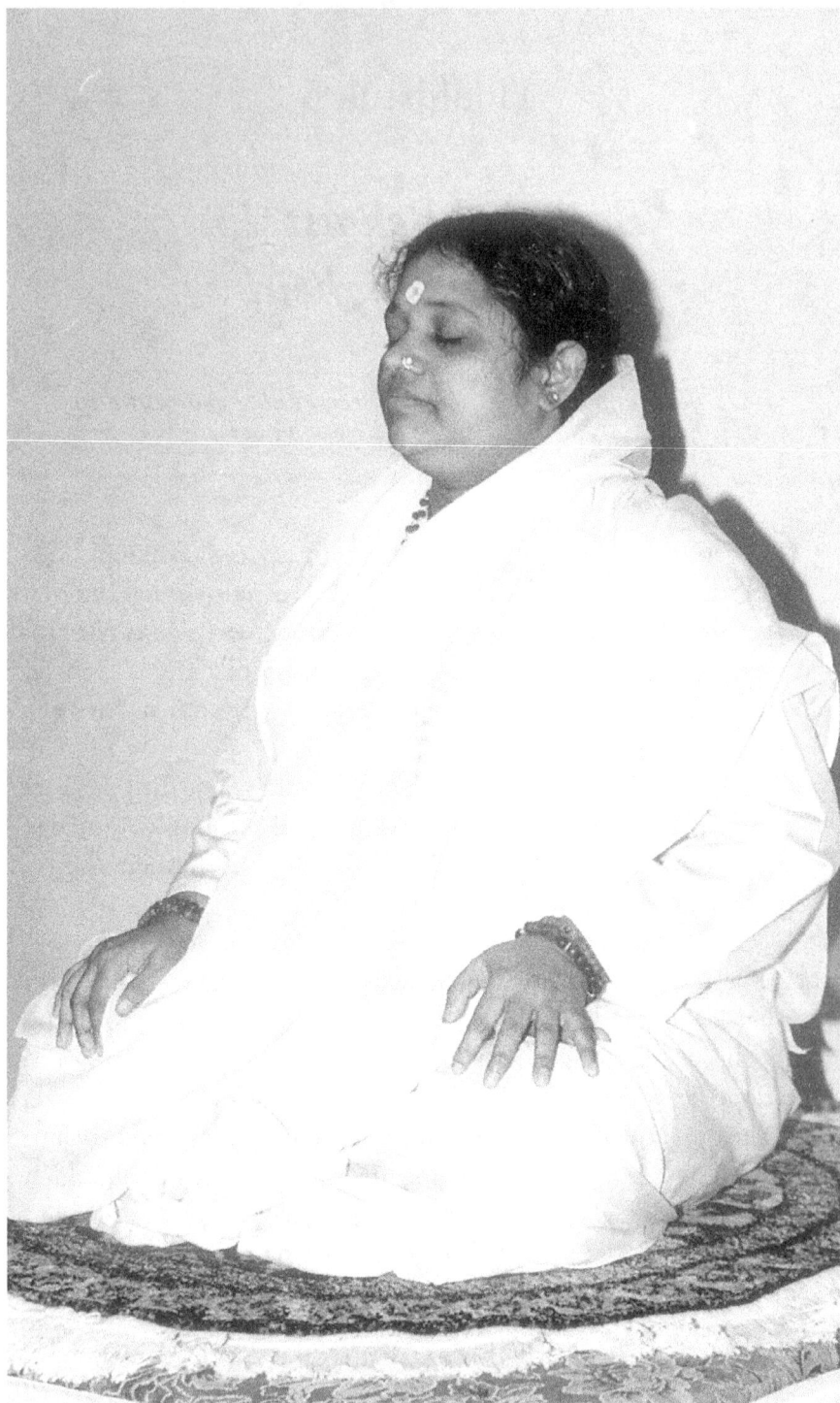

zeer lage temperaturen in te laten vriezen. Zij hopen dat ze in de toekomst weer ontdooid kunnen worden als de wetenschappers een geneesmiddel voor hun ziekte ontdekt hebben en de techniek om hun lichaam weer tot leven te brengen.

Daarnaast willen we allemaal onze kennis vergroten. Dat wil zeggen dat we allemaal meer dingen, mensen en plaatsen willen leren kennen. Natuurlijk wil niet iedereen een universitaire graad halen, maar ook mensen die niet gemotiveerd zijn om hoger onderwijs te volgen, vinden toch manieren om meer over de wereld te weten te komen, zoals reizen, televisie kijken, surfen met Google of roddelpraatjes met de buren.

Boven alles willen we geluk. We willen altijd blij zijn. Dit onderliggende verlangen is de motor van al onze dagelijkse activiteiten, van de meest alledaagse tot de meest ambitieuze. Pas als iemand overtuigd is dat geluk absoluut buiten zijn bereik ligt, wordt het vooruitzicht van een vroege dood draaglijk of zelfs aantrekkelijk.

Gebaseerd op deze drie fundamentele levensdoelen, een lang leven, kennis en geluk, ontwikkelen we hoop en verwachtingen, niet alleen voor onszelf maar ook voor degenen die we liefhebben. We ervaren onvermijdelijk verdriet, wanneer de dingen niet gaan zoals we verwachten. Met de tijd leren we dat we mensen, plaatsen en dingen niet onder controle hebben en dat we geen resultaat kunnen forceren dat gebaseerd is op wat we hopen en verlangen.

We zijn allemaal op de hoogte van de vele tragedies die de laatste jaren hebben plaatsgevonden. Amma heeft vaak gezegd: "Maak je geen zorgen; het leven is als een tsunami." Misschien klinkt deze opmerking cynisch of pessimistisch, maar in feite is het alleen maar realistisch. Amma bedoelt dat we ons geen zorgen moeten maken dat we alles wat ons dierbaar is zullen verliezen, omdat het een feit is dat we uiteindelijk alles zullen verliezen. Het heeft geen zin om deze onvermijdelijke realiteit te vrezen.

Als we in staat zijn om dit gegeven te accepteren als deel van de natuurlijke loop der dingen, kunnen we heel veel onnodig lijden voorkomen.

De wereld is voortdurend in een stroming; niets blijft zelfs maar een moment hetzelfde. In de loop van het jaar zijn er de veranderende seizoenen; het menselijke lichaam maakt de fasen van kindertijd, puberteit, volwassenheid en ouderdom door. Als wegen niet voortdurend onderhouden worden, komen er barsten in het wegdek en ontstaat er ruimte voor onkruid en gras. Zelfs bergen zullen na lange tijd tot stof vervallen.

In *Ananda Vithi*, het door Amma gecomponeerde lied waarin ze haar persoonlijke ervaring van Godsrealisatie beschrijft, zegt ze: "Hoeveel naakte waarheid is er om het verdriet van de mensheid weg te nemen?"

Het onbetwistbare feit van naderende verandering en de vergankelijkheid van alle dingen is overal in de wereld om ons heen duidelijk. De meesten van ons willen deze realiteit echter niet onder ogen zien en negeren koppig het teken aan de wand.

Hoewel we heel goed het oude gezegde kennen: "Je kunt het niet met je meenemen," potten we zelfs tot op het moment van onze dood zoveel geld op als we kunnen. Amma vertelt het volgende verhaal.

Veel patiënten die aan een terminale ziekte leden, brachten hun laatste dagen gezamenlijk in een rusthuis door. Omdat een verpleegster voelde dat het einde voor een aantal van hen dichtbij kwam, besloot ze om met hen allemaal een groepsgebed te houden. Ze instrueerde hen om met samengevouwen handen te bidden: "Lieve Heer, vergeef mij al mijn zonden. Neem alstublieft mijn ziel aan en neem mij in uw armen."

Eén patiënt vouwde zijn handen niet voor het gebed, maar hield in plaats daarvan zijn vuist stevig dicht geklemd. Nog voordat het gebed afgelopen was, zakte de man ineen en blies zijn laatste adem uit. Toen hij stierf, ging zijn samengebalde vuist langzaam open. Er lagen drie munten in zijn hand. Hij was een bedelaar geweest en hij durfde niet mee te doen aan het gebed uit vrees dat hij de drie munten zou verliezen als hij zijn hand open zou doen.

Er is natuurlijk niets mis met geld verdienen en met het treffen van voorzieningen voor onze toekomst, maar in de wereld van vandaag zien we mensen die zich niet alleen ervan verzekeren dat ze genoeg hebben voor hun eigen toekomst, maar ook voor veel toekomstige generaties. Amma zegt dat als zulke mensen hun hart zouden laten spreken en hun voorspoed zouden delen met degenen die gebrek lijden, honger en armoede van de aardbodem verdreven konden worden.

Begrip voor de vergankelijkheid van alles in de wereld buiten ons zal ons inspireren om naar binnen te kijken. Als we ons eenmaal realiseren dat onze primaire doelen, namelijk eeuwig leven, oneindige kennis en onafgebroken geluk, in de wereld buiten ons onbereikbaar zijn, gaat onze waarneming verschuiven en zoeken we deze doelen in onszelf. De teksten van Sanatana Dharma beschrijven ons Ware Zelf als *sat chit ananda*. Dit betekent bestaan, bewustzijn, gelukzaligheid. In feite is dit Atman het doel dat alle levende wezens zoeken; het is alleen de vraag of dit zoeken direct of indirect gebeurt.

Deze beschrijving van ons Zelf is niet willekeurig en ook geen blind geloof. De oude wijzen in India keken naar binnen en realiseerden hun eigen ware natuur. Zij spraken uit directe ervaring. Hun beschrijvingen kunnen zelfs met ons eigen beperkt bewustzijn geverifieerd worden. Laat ons de drie kwaliteiten die aan het Zelf worden toegeschreven eens nader onder de loep nemen.

Allereerst weten we dat we nu hier zijn, dat we bestaan. We kunnen het bestaan van God ontkennen, maar niemand zal zijn eigen bestaan ontkennen. Iets kan niet ontstaan uit niets; de tafel bestaat nu als tafel, maar daarvoor bestond hij als boom en daarvoor bestond hij als een zaadje. Het zaadje kwam uit een andere boom. Als je doorgaat met het terugvolgen van het spoor van deze elementen, moeten we uiteindelijk accepteren dat 'bestaan' fundamenteel is; alleen de naam en de vorm veranderen. Zo kunnen we zien dat *sat* (bestaan) een onbetwistbaar aspect van ons Ware Zelf is.

Het tweede aspect van ons Zelf wordt beschreven als *chit* (bewustzijn of kennis). Dit bewustzijn maakt ons bewust van ons eigen bestaan en van de gehele schepping. Hoe weten we dat we bewust zijn? Als we in diepe slaap zijn, verdwijnen we, praktisch gesproken; we zijn dood voor de wereld. We beseffen niet dat we een lichaam hebben. We hebben geen herinneringen, geen verlangens en schijnen niets te ervaren. Als we wakker worden, roepen we echter uit: "O, ik heb goed geslapen." Hoe weten we dat we goed geslapen hebben? Dit is mogelijk omdat ons bewustzijn voortdurend aanwezig blijft, zelfs wanneer ons lichaam, geest en intellect in slaap zijn. In feite is zuiver bewustzijn het enige constante element in de drie toestanden van waken, dromen en diepe slaap. In de toestand van waken en van dromen heeft het bewustzijn besef van objecten, van namen en vormen; tijdens diepe slaap heeft het bewustzijn besef van de afwezigheid hiervan.

Het derde aspect van ons Zelf wordt beschreven als *ananda* of gelukzaligheid. De de meeste mensen willen graag zoveel mogelijk slapen als ze daarvoor de gelegenheid krijgen. Dit komt doordat de geest in diepe slaap niet functioneert en we gelukzaligheid ervaren. Dit toont aan dat onze ware natuur gelukzaligheid en vreugde is, als er niets anders – zoals gedachten, gevoelens, verlangens of angsten – in de weg zit. Net zoals het oppervlak van een kalm meer de maan duidelijk weerspiegelt, zo voelen wij ons van nature gelukkig als onze geest stil en rustig wordt, als onze gedachten en verlangens wegvallen.

In de *Brhadaranyaka Upanishad* staat:

na vā are patyuḥ kāmāya patiḥ priyo bhavati
ātmanastu kāmāya pati priyo bhavati

De vrouw houdt niet van haar man omwille van hem, maar omwille van zichzelf (en omgekeerd).

(2.4.5)

Dit klinkt misschien hard, maar als we deze uitspraak nader onderzoeken, wordt duidelijk hoe waar het is. Iedereen beweert dat hij een onsterfelijke liefde voor zijn familie koestert, maar wat gebeurt er als een familielid ons in de steek laat? De echtgenoot laat zich scheiden van zijn vrouw, de zus raakt vervreemd van haar broer en de moeder keert haar zoon de rug toe. Als we echt van onze verwanten zouden houden, zouden we van hen blijven houden, ook als ze ons slecht behandelen en ons niet meer gelukkig maken.

Als een jonge man of vrouw in de ashram komt wonen, zijn de ouders begrijpelijkerwijs soms erg verdrietig. Ze koesteren hoge verwachtingen van hun kinderen die voor hen op hun oude dag zouden zorgen, en ze verlangen naar kleinkinderen. Enige jaren geleden kwamen de ouders van een jongeman die in de ashram was gaan wonen, naar de ashram en maakten een behoorlijke scène. Amma was toen niet aanwezig. Aan het eind riepen de ouders luid uit dat ze in hongerstaking zouden gaan. Ze zouden alle voedsel weigeren totdat hun zoon ermee in zou stemmen om weer naar huis te komen en te trouwen met het meisje dat ze voor hem uitgekozen hadden. Dit stelde de jongeman voor een moeilijk dilemma. Hij was diep begaan met het welzijn van zijn ouders. Tegelijkertijd voelde hij dat een leven van dienstbaarheid en spirituele oefening zijn ware roeping was. Als compromis begon hij ook te vasten zonder hun dit te vertellen. Hij zei tegen zichzelf dat hij, zolang zijn ouders niet aten, ook niets zou eten. Toen het echter na twee dagen duidelijk werd dat de jongeman niet van gedachten zou veranderen, aten zijn ouders een stevig ontbijt en namen de eerstvolgende trein naar huis. Later bracht de jongeman een bezoek aan zijn ouders en deed zijn best om hen te troosten en zijn gezichtspunt uit te leggen. Toen keerde hij terug naar zijn leven in de ashram.

Als een persoon of een ding ons niet gelukkig maakt, zijn we er niet eens in geïnteresseerd, laat staan dat we van die persoon of dat ding zullen houden. Dit laat zien dat we alleen houden van wat ons gelukkig maakt.

Op een dag kwam er een man naar het bureau voor gezondheidszorg om zijn beklag te doen over zijn broers. Hij zei: "Ik heb zes broers en we leven allemaal in één kamer. Ze hebben teveel huisdieren. Eentje heeft zeven apen en een ander heeft zeven honden. Het is verschrikkelijk. Er is geen frisse lucht meer in de kamer. U moet hier iets aan doen."

"Heb je geen ramen?" vroeg de ambtenaar van het bureau voor gezondheidszorg.

"Jawel," zei de man.

Waarop de ambtenaar opperde: "Waarom zet je ze niet open?"

"Wat!" schreeuwde de man, alsof dit de meest ongerijmde suggestie was die hij ooit gehoord had. "En moet ik dan al mijn duiven kwijtraken?"

Net als de man in dit verhaaltje zijn de meesten van ons meer dan bereid om onze eigen fouten over het hoofd te zien. We houden onvoorwaardelijk en totaal van onszelf. Daaruit valt af te leiden dat ons Zelf een bron van onvoorwaardelijk en absoluut geluk is. Zelfs mensen die aan zelfhaat lijden of aan zelfmoord denken, haten zichzelf niet echt; ze hebben alleen een afkeer van

hun omstandigheden of van hun mentale toestand. Als hun problemen plotseling opgelost zouden worden of hun geest tot rust
zou komen, zouden ze door willen gaan met leven. De geschriften
vertellen ons dat ons Zelf niet slechts *een* bron van geluk is, maar
de bron van alle geluk. Zelfs als we ervaren dat iets buiten ons
ons gelukkig maakt, komt dat alleen doordat we een verlangen
vervuld hebben waardoor de geest relatief rustig is. Hoe rustiger
onze geest wordt, hoe duidelijker onze geest de aan het Zelf inherente gelukzaligheid weerspiegelt, zoals een kalm wateroppervlak
duidelijk het beeld van de maan weerspiegelt.

Gewoonlijk zoeken we datgene wat ons op korte termijn
gelukkig maakt. "Winsten op de korte termijn zorgen voor verliezen op de lange termijn." In het verleden hebben we geprobeerd
om ons leven met zoveel kostbare dingen te verrijken, maar ze
hebben ons geen blijvend geluk of tevredenheid gebracht. Als
dat wel zo was, zouden we niet meer zoeken; dan zou je dit boek
niet lezen.

We hebben al vele jaren ervaring in het zoeken naar voldoening in de buitenwereld, of het nu is door relaties, prestaties,
bezittingen, huizen of vakanties. Eén ervaring zou voor ons voldoende moeten zijn om een situatie correct te analyseren. Als we
rijst koken en willen weten of de rijst gaar is, is het genoeg om
maar één korrel te proeven. Het is niet nodig om ieder rijstkorreltje
in de pan te proberen.

Er is een verhaal over twee soldaten die krijgsgevangen waren.
De een verzoent zich met zijn gevangenschap en kiest ervoor om
zijn leven verder als slaaf van zijn vijand door te brengen. De ander
onderzoekt serieus de manieren en middelen om te ontsnappen,
ook al werkt hij als gevangene.

Net zoals de gevangenen in dit verhaal hebben wij een keuze. De meeste mensen zijn als de eerste gevangene. Ze nemen
genoegen met de vluchtige momenten van geluk die ze in de

buitenwereld kunnen vinden. Ze blijven slaaf van hun voorkeur en afkeer, van hun verlangens en angsten. In plaats daarvan kunnen we proberen als de tweede gevangene te zijn. We kunnen onze aandacht naar binnen richten in een poging om ons los te maken van onze gehechtheid aan en onze afkeer van mensen en dingen in de wereld. Wanneer we eenmaal een bewust besluit nemen om onze aandacht naar binnen te richten, ontdekken we dat onze drie doelen – eeuwig leven, oneindige kennis en onafgebroken geluk – er altijd al geweest zijn, in ons, als ons eigen Ware Zelf. ❖

Hoofdstuk 6

"Verander je geest, alsjeblieft!"

Als de deuren van de waarneming gereinigd zouden zijn,
zou alles aan de mens verschijnen zoals het is – oneindig.

– William Blake

Onlangs kreeg ik van een toegewijde een brief met daarin de volgende anekdote. Het was geschreven als een grap, maar eigenlijk is het zeer leerzaam.

Het begon nogal onschuldig. Zo nu en dan op feestjes begon ik te denken, gewoon om wat te ontspannen. Niettemin leidde de ene gedachte onvermijdelijk tot de andere. Weldra was ik meer dan alleen een denker bij sociale gelegenheden. Ik begon zelfs te denken als ik helemaal alleen was. Denken werd steeds belangrijker voor me. Op het laatst was ik voortdurend aan het denken. Ik kon mezelf niet meer in de hand houden. Ik begon op het werk te denken. Binnen korte tijd had ik op mijn werk de reputatie van een zware denker. Op een dag riep mijn baas me bij zich en zei: "Ik mag je graag en ik vind het pijnlijk om je dit te zeggen, maar jouw denken is een groot probleem geworden. Als je niet ophoudt met denken op het werk, moeten we je ontslaan." Dit gaf me heel wat om over te na denken.

Bij de volgende controle van mijn gezondheid vertelde de arts me dat mijn zware denken hoge bloeddruk veroorzaakte. Als ik zo door zou gaan, zou ik niet veel langer meer leven. Maar tegenwoordig ben ik herstellende van het denken. Mijn leven is zoveel vrediger nu ik opgehouden ben met denken.

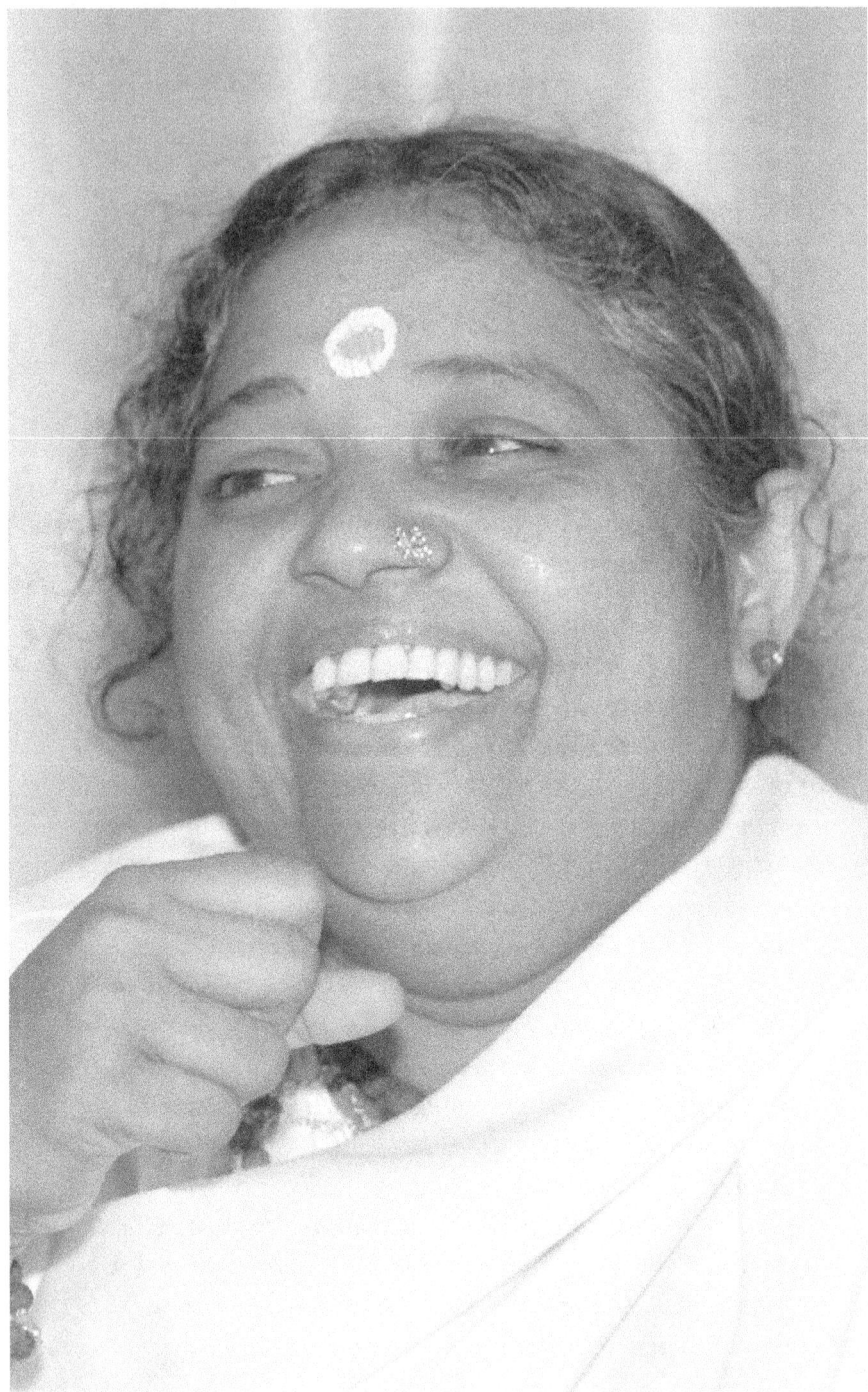

Stel je een aap voor die nuchter al erg woest is, maar die op een of andere manier ook nog vreselijk dronken is. Stel je dan voor dat deze dronken aap tijdens zijn bokkensprongen door een schorpioen wordt gestoken en huilend van de pijn rond begint te hoppen. Deze dronken, door een schorpioen gestoken aap loopt onder een kokospalm en precies op dat moment valt er een grote, groene kokosnoot uit de boom op zijn hoofd. Tenslotte wordt het arme, rondwankelende dier bezeten door een geest.

Amma zegt dat dit scenario een goede analogie is voor onze huidige geestestoestand met zijn beperkte bewustzijn dat onder-gedompeld is in voorkeur en afkeer, verlangens en angsten.

Met zo'n geest kunnen we de dingen niet zien zoals ze zijn. In plaats daarvan zien we de dingen zoals wij zijn. Het volgende verhaal illustreert dit punt.

Er was eens een zenklooster dat bewoond werd door twee monniken. Eén monnik had maar één oog. Op een dag klopte er een reizende monnik aan de deur en daagde de monnik met één oog uit tot een filosofisch debat. Toen het debat voorbij was, gaf de reizende monnik zijn nederlaag toe. Voordat hij vertrok, ging hij afscheid nemen van de andere monnik die abt van het klooster was. De reizende monnik zei tegen hem: "Die eenogige monnik is een genie. We besloten om in stilte te debatteren. Ik begon en hield één vinger omhoog, wat de Boeddha aanduidt. Uw broer hield twee vingers omhoog. Dit betekent de Boeddha en zijn onderricht. Ik antwoordde met drie vingers, wat de Boeddha, zijn leringen en zijn volgelingen aanduidt. De eenogige monnik gaf mij de genadeslag toen hij mij zijn vuist liet zien, waarmee hij bewees dat de Boeddha, zijn leringen en zijn volgelingen allemaal één zijn." De reizende monnik maakte nogmaals een buiging en verliet het klooster.

Net op dat moment kwam de monnik met één oog binnen. Hij kookte van woede. "Die monnik was zo ruw. Als hij onze gast niet was geweest, dan had ik hem de afstraffing gegeven die hij verdiende."

"Wat is er gebeurd?" vroeg het hoofd van het klooster. De eenogige monnik antwoordde: "We besloten om een debat in stilte te voeren. Hij begon met het opsteken van één vinger, wat betekent 'Ik zie dat je maar een oog hebt.' Dus uit beleefdheid tegenover hem stak ik twee vingers omhoog wat betekent 'Ik zie dat jij twee ogen hebt.' Maar die schurk had de euvele moed om drie vingers omhoog te steken waarmee hij me vertelde dat we samen drie ogen hebben. Ik was zo boos dat ik een vuist maakte waarmee ik zei 'Als je niet ophoudt met praten over ogen, sla ik je licht uit.'" Op basis van hun mentale houding interpreteerden de twee monniken de handgebaren totaal verschillend.

Op een avond hield de Boeddha een toespraak. Omdat hij de monniken die onder de toehoorders zaten, in gedachten had zei hij aan het eind van zijn toespraak: "Vergeet niet om het belangrijkste van de dag te doen, voordat je gaat slapen."

Bij het horen van deze woorden dachten de monniken: "We moeten niet vergeten om te mediteren voordat we gaan slapen."

Er was echter ook een dief aanwezig onder de toehoorders en deze man interpreteerde de woorden van de Boeddha op een andere manier. Hij mijmerde: "Heer Boeddha heeft gelijk. De late avond is de beste tijd om te stelen." Een prostituee die de woorden van de Boeddha hoorde, dacht dat ze die avond na de toespraak moest proberen om enkele klanten mee te nemen op weg terug naar huis. Iedereen hoorde de instructies van de Boeddha in overeenstemming met zijn eigen geestesgesteldheid.

Amma zegt dat wij, als zich in ons leven problemen voordoen, altijd proberen om de omstandigheden te veranderen, maar in veel gevallen is de enige juiste oplossing om onszelf te veranderen, om onze geesteshouding te veranderen.

Tijdens een programma van Amma in Japan sprak een toe-gewijde een brahmachari aan en beschreef alle problemen die hij met zijn echtgenote had. De brahmachari luisterde geduldig naar hem en suggereerde hem tenslotte om voor darshan naar Amma te gaan en daarbij in gedachten te bidden dat ze de harmonie in zijn huwelijk zou herstellen.

Toen de toegewijde met het hoofd in haar schoot lag, fluis-terde Amma in het Japans in zijn oor: "Mijn lieve zoon, mijn lieve zoon." Maar hij verstond Amma verkeerd en dacht dat ze de Japanse woorden sprak voor: "Wat ga je doen? Wat ga je doen?"

Hij dacht: "Amma! U geeft mij een keuze?!" Overweldigd door opwinding riep hij in gebroken Engels uit dat hij in het geheim naar een andere vrouw verlangde: "Amma, een andere vrouw, alstublieft! Een andere vrouw, alstublieft!" Amma lachte hartelijk en nam zijn hoofd weer in haar schoot. Na zijn darshan voelde de toegewijde zich erg beschaamd, toen hij zich realiseerde dat iedereen zijn uitroep gehoord had.

Maar de volgende keer dat hij voor darshan ging, zei Amma tegen hem: "Zoon, verander van geest, niet van vrouw, alsjeblieft!" Toen de man Amma's advies hoorde, realiseerde hij zich zijn dwaasheid en nam hij zich voor meer moeite te doen om zich aan te passen en goed met zijn vrouw om te gaan.

Mahatma's zoals Amma zijn echt gelukkig terwijl ze in dezelf-de wereld leven als wij. Hoewel ze met dezelfde moeilijke situaties geconfronteerd worden, zijn ze altijd in een toestand van vrede.

Toen Amma een jong meisje was, stuurden haar ouders haar eropuit om huishoudelijke klussen te doen in het huis van een familielid, bijna twaalf kilometer verderop, nadat zij al het werk voor haar eigen familie voltooid had. In het begin nam Amma de boot om bij het familielid te komen, maar toen haar ouders over de kosten begonnen te klagen, besloot ze om voortaan te lopen. In plaats van zich tijdens de lange wandeling over haar lot

71

te beklagen, luisterde Amma naar het geluid van de golven die op de kust sloegen, zong ze stilletjes 'Om' of zong zachtjes tot de Heer. Amma zegt dat de vreugde die ze tijdens deze wandelingen beleefde niet in woorden te beschrijven is.

In zijn *Vijf verzen over spiritueel leven (Sadhana Panchakam)*, waarschuwt de grote wijze Adi Shankaracharya ons:

ekānte sukham āsyatām

Verblijf gelukkig in eenzaamheid.

Met eenzaamheid wordt hier niet per se fysiek alleen zijn of isolement bedoeld. *Eka* betekent 'een' en *anta* betekent 'einde' of 'doel'. Wanneer de geest in diepe contemplatie op de goeroe, God of het Atman gericht is, is er concentratie in één richting. De geest wordt vredig en ontspannen. Dit is echte eenzaamheid. Ook al zijn we helemaal alleen en is er niemand in de buurt om ons te verstoren, als gedachten en emoties onze geest binnendringen, kan er geen vrede of vreugde zijn.

Er was eens een klooster dat erg streng was. De monniken hadden een gelofte tot stilte afgelegd en spreken was dus voor niemand toegestaan. Er was slechts een uitzondering op deze regel. Om de tien jaar mochten de monniken twee woorden spreken. Een van de monniken ging na zijn eerste tien jaar in het klooster naar de abt van het klooster. Deze zei: "Er zijn nu tien jaar voorbij. Welke twee woorden wil je zeggen?"

"Bed...hard..." zei de monnik.

"Ik begrijp het," zei de abt.

Er gingen nog eens tien jaar voorbij en weer ging de monnik naar het kantoor van de abt die zei: "Er zijn weer tien jaar voorbij. Welke twee woorden wil je zeggen?"

"Eten...stinkt..." zei de monnik.

"Ik begrijp het," antwoordde de abt.

Weer gingen tien jaar voorbij en weer ging de monnik naar de abt die vroeg: "Welke twee woorden wil je nu zegen?"

"Ik vertrek!" zei de monnik.

De abt antwoordde: "Ja, ik kan begrijpen waarom. Het enige wat je ooit doet is klagen."

Zelfs in de gunstigste omstandigheden zullen we nooit innerlijke vrede vinden als onze houding niet correct is. Maar als we eenmaal echte eenzaamheid bereikt hebben, zal onze geest, zelfs als we in een winkelcentrum zijn, kalm blijven. Onze eigen geest is de oorzaak van ons lijden en onze eigen geest is de oorzaak van onze vreugde.

Het hoofd van een middelbare school wilde gevoelens van harmonie en broederschap bevorderen en de jonge, zich ontwikkelende kunstenaars op haar school inspireren. Daarom bood zij een prijs aan voor de jonge artiest die de beste weergave van vrede kon schilderen. Nadat het schoolhoofd vele inzendingen bekeken had, verminderde ze haar keuze tot twee. De ene inzending was een schilderij van een kalm meer, dat perfect de altijd groene bomen en de met sneeuwbedekte bergen die achter de bomen oprezen weerspiegelde; boven dit alles was een blauwe lucht waarin zachte witte wolken dreven.

Het tweede schilderij liet ook bergen zien, maar deze waren ruig en kaal. Boven de bergen was een donkere en angstaanjagende lucht die bewolkt was met stapelende donderwolken en felle bliksemschichten. Een woeste waterval stortte van de bergwand naar beneden.

Het schoolhoofd riep haar staf bijeen om naar de twee schilderijen te kijken en hun mening te geven over welke van de twee de beste weergave van vrede was. Unaniem adviseerden ze haar om het eerste schilderij te kiezen; iedere dwaas kon toch zien dat dit tafereel het vreedzaamst was. Uiteindelijk koos het schoolhoofd

73

toch voor het tweede schilderij. Een leraar vroeg haar waarom ze dat deed.

"Kijk maar eens goed," zei het hoofd. Toen hij dat deed, zag de leraar dat achter de waterval een klein struikje groeide uit een dunne spleet in de bergwand. In die struik, dicht bij de woeste bergstroom, zat een moedervogel in volmaakte vrede op haar nest. Het schoolhoofd legde het als volgt uit: "Vrede betekent niet dat we op een plek zijn waar geen lawaai, moeilijkheden of zwaar werk zijn. Vrede betekent dat we met al deze dingen om ons heen toch kalm zijn van binnen. Dat is echte vrede."

Het verkrijgen van meesterschap over onze geest is niet alleen maar een middel tot psychisch welzijn; volgens de geschriften is het letterlijk een zaak van leven en dood. Vaak speelt de laatste gedachte in onze geest op het moment van ons sterven een belangrijke rol in het bepalen van ons volgende leven.

In de *Bhagavad Gita* verklaart Sri Krishna:

antakāle ca mām eva smaran muktvā kalevaram
yaḥ prayāti sa madbhāvaṁ yāti nā'styatra saṁśayaḥ

En degene die op het moment van zijn dood bij het verlaten van het lichaam heengaat en alleen aan Mij denkt, diegene verwerft Mijn zijn; hierover bestaat geen twijfel.

(8.5)

Amma vertelt het volgende verhaal.

Er waren twee vrienden; een van hen was zeer geïnteresseerd in spiritualiteit, de ander niet. Op een avond werd er in hun woonplaats een satsang[1] over de *Bhagavad Gita* gehouden. De eerste man wilde erheen en vroeg zijn vriend om mee te gaan.

---

[1] Dit betekent letterlijk 'vereniging met de Waarheid'. De hoogste vorm van satsang is samadhi, een volkomen opgaan in het Absolute. Satsang kan ook betekenen in aanwezigheid van een spiritueel meester zijn, omgang

De andere man was niet geïnteresseerd en wilde liever naar een nachtclub gaan. Ieder ging zijn eigen weg. Na een tijdje dacht de man die naar de satsang gegaan was: "Mijn vriend heeft vast en zeker een leuke avond. Ik had met hem mee moeten gaan." Op hetzelfde moment dacht de man in de nachtclub: "Waarom ben ik hierheen gegaan?" Deze dansen lijken allemaal op elkaar; de satsang over de *Bhagavad Gita* zou veel interessanter geweest zijn en ik zou daar tenminste wat *punya* (verdienste) verkregen hebben."

Toevallig overleden beide mannen diezelfde avond. De man die naar de nachtclub gegaan was, maar die in gedachten met Sri Krishna bezig was geweest, kwam in de hemel. De ander die in gedachten in de nachtclub geweest was, ging ergens heen waar het niet zo fijn was. Zonder de noodzakelijke inspanning om controle over onze geest te krijgen zullen we niet in staat zijn om het beste van ons huidige leven te maken. Ons toekomstige leven kan ook negatief beïnvloed worden.

Op een dag liep een man de spreekkamer van een psychiater binnen en zei: "Dokter, help me alstublieft. Ik denk dat ik God ben."

"Hmmm, zeer interessant. Vertel me eens, hoe is het begonnen?"

"Wel, eerst schiep ik de zon, toen de maan, daarna de aarde en de sterren…"

Hoewel deze man gewoon aan waanideeën leed, is de uiteindelijke waarheid dat wij allemaal God zijn. De *Taittiriya Upanishad* (2.6.3.) zegt: "Het Allerhoogste Wezen dacht: 'Laat mij veelvuldigheid zijn' en Hij schiep alles wat wij waarnemen. Nadat hij alles geschapen had ging Hij in alles binnen." Volgens Sanatana Dharma is er alleen één God en niets anders.

---

met andere spirituele zoekers, spirituele boeken lezen of luisteren naar een lezing over spiritualiteit.

Amma zegt dat deze wereld van ogenschijnlijke verschillen uiteindelijk een illusie is en dat we, als we de Allerhoogste Waarheid willen realiseren, verder moeten kijken dan de geest, want de bron van de illusie is de geest zelf.

Onderweg van de ene stad naar de volgende op een tournee door India stopte Amma zoals gewoonlijk om de lunch te serveren aan de reizende groep. Nadat iedereen gegeten had, stelde Amma een vraag aan een acht jaar oude jongen met de naam Ramu: "Waar is God?"

Ramu wees omhoog naar de lucht.

"Nee, binnenin," zei Amma. "God is in je." Toen wees ze naar de ongeveer 400 mensen die in een kring om haar heen zaten: "God is in al deze mensen hier. We moeten iedereen dienen en hen allemaal als de belichaming van God zien."

Daarna vroeg Amma aan de jongen of hij zijn idee over God uit wilde leggen.

"God schiep de wereld en alle mensen," zei Ramu.

"De wereld is niet Gods schepping," antwoordde Amma. "Het is jouw schepping."

Er zijn dikke boeken zoals de *Yoga Vasishta* geschreven om deze diepe waarheid toe te lichten: het gehele universum is niets anders dan een projectie van de geest. Ramu stond perplex. Hij keek omhoog in Amma's ogen en zei tenslotte zonder enig zelfvertrouwen: "Amma maakt een grapje."

Amma zegt dat we alles wat we in deze wereld zien, met onze bevooroordeelde ideeën waarnemen. Wij nemen de wereld waar met de beperkte instrumenten van onze geest en ons intellect. Daarom zeggen de geschriften dat wat wij als de waarheid beschouwen, niet de absolute maar slechts een relatieve waarheid is, gecreëerd door onze geest.

Amma zegt iets dat hiermee vergelijkbaar is, namelijk dat we deze wereld als echt beschouwen, maar dat het in feite een illusie is. Laten we een pot van klei als voorbeeld nemen. Voordat de pot gemaakt werd, bestond de klei. Als de pot valt en in stukken breekt, verdwijnt de pot als een afzonderlijke entiteit, maar de klei waaruit de pot bestond, is er nog steeds. Dus heeft de pot geen bestaan van zichzelf; het is alleen maar klei. Voor een bepaalde tijd nam de klei de vorm van de pot aan. Omdat de pot van tijdelijke aard was, was zijn werkelijkheid slechts relatief. De pot heeft geen onafhankelijk bestaan dat los staat van de klei. Daarom kunnen we zeggen dat in de grond van de zaak de pot niet bestaat; het is een illusie.

Toen Amma tegen de jongen zei: "De wereld is een creatie van je eigen geest," bedoelde ze dat de wereld van de dualiteit een illusie is die door onze geest gecreëerd wordt. In werkelijkheid is er alleen Brahman, is er alleen God. Maar we zien en ervaren in onze huidige toestand zeer veel dualiteit in de wereld.

Amma zegt dat wat wij de illusie van dualiteit noemen, niet echt bestaat; het is als duisternis. We kunnen duisternis als zodanig niet wegnemen en het ergens opbergen. De enige manier om duisternis te overwinnen is het licht aandoen. Zodra we het licht aandoen, verdwijnt de duisternis. Op vergelijkbare wijze verdwijnt de duisternis van dualiteit als het licht van Zelfkennis in ons begint te schijnen. Dan zien we overal eenheid.
In de *Isavasya Upanishad* wordt over het Atman gezegd:

tadejati tannaijati tad dūre tadvantike
tadantarasya sarvasya tadu sarvasyāsya bāhyataḥ

Dat beweegt, Dat beweegt niet;
Dat is ver weg, Dat is erg dichtbij;
Dat doordringt alles,
en Dat is voorbij alles.

(5)

In feite is het Atman dichterbij dan het dichtstbijzijnde, omdat het ons eigen Zelf is; het is zelfs dichterbij dan de geest. Het is het middelpunt van het bestaan van ieder levend wezen en de basis van het gehele universum; er is niets dichterbij dan het Atman. Maar er wordt gezegd dat het Zelf verder weg dan het meest verre lijkt te zijn, omdat het voor de onwetende zelfs in honderden miljoenen jaren onbereikbaar is. Dit wil echter niet zeggen dat God wreed is. De eeuwige, gelukzalige aard van ons Ware Zelf is een geheim, maar niemand houdt het opzettelijk voor ons verborgen en zeker God of de goeroe niet. Wij missen alleen de subtiliteit van geest om dit goed te begrijpen. Voor degenen van wie de geest verduisterd is door het ego, lijkt het alsof deze kennis verborgen is, op dezelfde manier als een melodie verborgen is voor een toondove persoon of bepaalde kleuren onzichtbaar zijn voor een kleurenblinde persoon. Het blijft verborgen totdat er een geschikte persoon verschijnt om het onderricht te ontvangen. Amma zegt dat ze wacht op zulke ontvankelijke mensen. Laten we haar niet langer laten wachten. ❖

Hoofdstuk 7

Zintuigen en waarneming: hoe we de geest kunnen beteugelen en naar binnen kijken

Ik heb ontdekt dat alle kwaad hieruit ontstaat: dat de mens niet in staat is om stil in een kamer te zitten.

– Blaise Pascal

In zijn *Kroonjuweel van onderscheid (Viveka Chudamani)* zegt Shankaracharya:

doṣeṇa tīvro viṣayaḥ kṛṣṇa-sarpa-viṣād api viṣaṁ nihanti bhoktāraṁ draṣṭāraṁ cakṣuṣā'pyayam

De objecten van de zintuigen zijn dodelijker dan het gif van een koningscobra. Het gif van de cobra is alleen dodelijk als het ingenomen wordt, maar deze voorwerpen kunnen de dood veroorzaken alleen al door ze te zien.

(77)

Het vergif van een koningscobra is dodelijk; na een beet van deze slang hebben we nog maar een half uur te leven. Er wordt echter gezegd dat de objecten van de zintuigen nog gevaarlijker zijn. De cobra moet ons bijten om ons te doden, maar alleen al het kijken naar een object is genoeg om ons te vernietigen. Als we iets zien wat we wensen, dan willen we het verwerven. In de onstuimige poging om het ons eigen te maken dwalen we af van het pad van dharma. Amma illustreert deze waarheid met het volgende verhaal.

Er was eens een avadhuta die naar zijn dorp liep. Aan de kant van de weg stond een enorme boom met een gat in de stam. Hij besloot even te rusten in de schaduw van de boom. Na zijn dutje, toen hij op het punt stond om zijn weg te vervolgen, keek hij in de stam van de boom. Toen hij zag wat daarin verborgen was, maakte hij een sprong alsof hij een schok gekregen had. Hij rende weg terwijl hij riep: "Gevaar! Gevaar! Ik heb in die boom Yama gezien, de Heer van de Dood. Ren voor jullie leven!" Net op dat moment liepen er drie mannen voorbij. Ze vroegen de avadhuta wat hem overkomen was. Hij legde hun uit dat Yama in de boom op hen wachtte en hij waarschuwde hen dat ze niet dichtbij moesten komen. Als iemand ons afraadt om iets te doen, willen we het natuurlijk juist wel doen; zo is de aard van de mens. De drie mannen besloten om naar de boom te gaan en zelf een kijkje te nemen. Ze dachten dat de avadhuta misschien een beetje gek was en vroegen zich af wat hij eigenlijk gezien had.

Toen ze in het gat in de boomstam keken, zagen ze een schat aan diamanten en andere fonkelende edelstenen. "Wat een idioot," riep een van de mannen uit. "Hij zag de schat en dacht dat het de God van de Dood was. De dwaas heeft de benen genomen. Wat een geluk voor ons!"

Omdat de boom langs een drukke doorgaande weg stond, kwamen er veel mensen langs. Daarom kozen de drie metgezellen een van hen, laten we hem A noemen, uit om de schat te bewaken en hen te informeren als er niemand in de buurt was. Dan konden ze de buit in drieën verdelen. De andere twee mannen, B en C, maakten stiekem hun eigen plan. Ze kwamen overeen om A te doden, zodat ze de schat nog maar met zijn tweeën hoefden te delen. Het was al laat en ze kregen honger. B bood aan om iets te eten te gaan halen. Onderweg ging hij naar A en vertelde hem dat C een gangster was die op het punt stond om hem te doden. A antwoordde, "Laat hem dat maar eens proberen! Ik zal hem een lesje leren!"

B liep verder om iets te eten te halen, maar op de terugweg mengde hij er vergif doorheen. Daarmee wilde hij de anderen doden, zodat hij de schat voor zichzelf kon houden. Toen hij A het eten bracht, doodde A hem bij verrassing. Toen nam A het voedsel en ging naar de boom om met C te eten. Beiden stierven. Enige tijd later kwam de avadhuta daar weer langs en zag de drie lijken liggen. Weer riep hij uit: "De Heer van de Dood is in de buurt. Blijf uit de buurt!"

Louter de aanblik van de juwelen bracht deze drie mannen de dood. Hoeveel doden zijn er niet gevallen door de honger naar materiele bezittingen? Dit bedoelt Shankaracharya als hij zegt dat dingen die onze zintuigen strelen voor ons dodelijker zijn dan slangengif.

Dit wil niet zeggen dat de zintuigen onze vijanden zijn. Het zijn slechts de middelen waarmee de geest van objecten geniet. De ogen voelen geen vreugde bij het zien van wat dan ook; ze geven enkel informatie door aan de geest. In feite, registreren de zintuigen niets als onze geest er geen deel aan heeft. Hoe vaak waren we niet verdiept in een televisieprogramma of een boek en hoorden we niet dat er iemand naast ons praatte? De echt schuldige is de geest en niet de zintuigen. Als we de geest kunnen beteugelen, zullen de zintuigen ons met rust laten.

De eerste stap om de geest te disciplineren is het doen van een poging om weg te blijven van dingen en situaties waarvan we weten dat ze ons in verleiding brengen. Amma zegt dat het moeilijk is om chocolade op te geven als we rondlopen met chocolaatjes in onze handtas of om op te houden met tv kijken als er een plasmatelevisie aan de wand van onze slaapkamer hangt.

Als we echter blijven denken aan het door ons verlangde object, zal het niet veel helpen, ook al blijven we fysiek uit de buurt van het verlangde object. Als we zitten te mediteren en de geur van heerlijk voedsel onze neusgaten streelt, zal onze aandacht naar de keuken gaan en zullen we ons afvragen wat voor lekkers daar wordt klaargemaakt. We kunnen niet fysiek opstaan en naar de keuken gaan omdat we aan het mediteren zijn. Ons lichaam blijft dus in de meditatieruimte en met onze aandacht zijn we in de keuken. Ons lichaam vast, maar onze geest viert feest. In de *Bhagavad Gita* zegt Sri Krishna:

karmendriyāṇi saṁyamya
ya āste manasā smaran
indriyārthān vimūḍhātmā
mithyācāraḥ sa ucyate

Iemand die zijn handelen onder controle heeft,
maar wiens geest nog steeds aan de objecten van de
zintuigen gehecht is, koestert illusies;
hij wordt een hypocriet genoemd.

(3,6)

Onze geest is te vergelijken met een ketel water die op het vuur staat. Als het water kookt, doen we er een beetje koud water bij om het af te koelen. Dit werkt even, dan gaat het water weer koken. Weer doen we er een beetje koud water bij. Als we niet iedere twee minuten water in de ketel willen doen, moeten we water op het vuur zelf gooien. Op vergelijkbare wijze kookt onze geest op het vuur van onze verlangens. Als een verlangen vervuld is, koelt de geest af. Hij is even in rust. Het duurt echter niet lang of er komt een ander verlangen op en de geest kookt weer. Er komt geen einde aan verlangens; er ontstaat altijd een ander verlangen, en weer een, en weer een. De enige oplossing is om het water van spiritueel begrip over het vuur van onze verlangens te gieten. Zelfs als we er niet in slagen om het vuur te doven, kunnen we zeker de intensiteit van de vlammen verminderen. Als we begrijpen dat toegeven aan onze zintuigen averechts werkt, doordat het ons wegleidt van ons Ware Zelf, worden we niet meer door verleidingen heen en weer geslingerd.

In de *Bhagavad Gita* (18.37-38) legt Sri Krishna uit: "Wat op het eerste gezicht nectar lijkt, ontpopt zich als vergif; wat op het eerste gezicht vergif lijkt, ontpopt zich als nectar." Wanneer onze zintuigen in aanraking komen met de dingen waarnaar we verlangen, genieten we op dat moment, maar dit genot eindigt in droefheid als deze dingen veranderen of verdwijnen. Aan de andere kant hebben ware vrede en geluk, die verworven worden door het beteugelen van de geest, het afstand nemen van verlangens en het doen van spirituele oefeningen, vaak een bitter begin, omdat het moeilijk is om de geest te disciplineren. Maar we komen er snel achter dat het in de wereld gevonden geluk verbleekt bij de innerlijke vrede die opbloeit door regelmatige spirituele beoefening. Om maar niet te spreken van de grenzeloze gelukzaligheid van Zelfrealisatie.

Nadat het vuur geblust is, kunnen we de ketel gemakkelijk van het vuur nemen. Op dezelfde manier zal het gemakkelijker zijn om onze aandacht terug te trekken van de zintuigen en naar binnen te richten, op het Atman, als onze geest relatief vrij van verlangens is geworden. ❖

Hoofdstuk 8

Het overstijgen van verlangens

Er zijn drie manieren om wijs te worden:
Ten eerste door nadenken. Dit is de edelste manier.
Ten tweede door imitatie. Dit is de gemakkelijkste manier.
Ten derde door ervaring. Dit is de bitterste manier.

– Confucius

Onlangs zag ik de zoon van een Amerikaanse toegewijde een boek lezen over het menselijk lichaam. Om zijn begrip te testen vroeg ik hem: "Waaruit bestaat zeventig procent van je lichaam?" Zonder een moment te aarzelen antwoordde de jongen: "Coca-Cola."

Er zijn twee soorten verlangens: natuurlijke en gecultiveerde. Het is een natuurlijk verlangen om onze dorst te lessen. Maar als we alleen maar sodawater willen drinken, is dit een gecultiveerd verlangen. Het leiden van een spiritueel leven veronderstelt dat we onderscheid maken tussen natuurlijke en gecultiveerde verlangens en dat we gecultiveerde verlangens overstijgen. Als gecultiveerde verlangens losgelaten worden, besparen we veel energie, inspanning en tijd, die we aan onze spirituele oefeningen, aan dienstbaarheid aan de samenleving of aan ieder ander creatief doel kunnen besteden.

Een Australisch echtpaar had Amma ontmoet tijdens haar bezoek aan Australië. Kort nadat Amma de details bekend had gemaakt van haar enorme hulpactie voor de tsunami, waren ze in hun auto onderweg naar een duur restaurant om hun trouwdag te vieren. Plotseling zei de vrouw: "Lieverd, hoeveel denk je dat ons dineetje vanavond zal kosten?"

"Daar moet je niet aan denken, lieveling," antwoordde haar echtgenoot. "Op onze huwelijksdag is geld geen probleem."

De vrouw vervolgde: "Zojuist bedacht ik dat we gemakkelijk tweehonderd dollar uit kunnen geven aan ons etentje van vanavond. Wat vind je ervan als we omkeren en thuis een etentje organiseren? We kunnen iets laten bezorgen voor minder dan twintig dollar. Wat we daarmee uitsparen kunnen we dan naar Amma sturen voor de slachtoffers van de tsunami."

Haar man deed wat zij voorstelde. Beiden genoten meer van hun eenvoudige Chinese afhaalmaaltijd dan ze ooit genoten hadden van een dineetje op eerdere trouwdagen, omdat ze wisten dat hun kleine offer Amma zou helpen om mensen in nood te helpen. In feite was de man zo geïnspireerd door het idee van zijn vrouw dat hij het de volgende dag aan al zijn collega's vertelde. Tegen het einde van de week kon hij niet alleen het geld dat hij en zijn vrouw hadden uitgespaard door thuis te eten, maar ook vele gulle giften van zijn collega's opsturen. En allemaal besloten ze om dat jaar hetzelfde offer te brengen op hun trouwdag.

De gemakkelijkste manier om onze gecultiveerde verlangens te overstijgen is een ware meester zoals Amma te benaderen. Ik bedoel niet dat al je verlangens onmiddellijk verdwijnen als je bij Amma komt. Veel toegewijden en leerlingen van Amma hebben echter ervaren dat veel verlangens eenvoudig wegvallen als ze Amma ontmoeten. Ik kwam naar Amma in de hoop dat haar goddelijke kracht sterk genoeg zou zijn om mij te verzekeren van een overplaatsing naar een bank die dichter bij mijn woonplaats was. De belangrijkste reden om een overplaatsing te wensen was dat ik erg ontevreden was met de huisvesting en het voedsel in de stad waar ik toen werkte. Na mijn ontmoeting met Amma begon ik het grootste deel van mijn tijd in de ashram door te brengen, ondanks het feit dat er geen huisvesting en maar heel weinig voedsel was. Dat wat van het grootste belang voor mij was, verdween in Amma's aanwezigheid spontaan naar de achtergrond.

Een jongeman die er altijd van gedroomd had om als steward in een vliegtuig te werken, kreeg plotseling van twee verschillende luchtvaartmaatschappijen een baan aangeboden. Hij kon niet tot een keuze komen en daarom besloot hij Amma te raadplegen. Toen hij echter bij haar voor darshan was, stelde hij de vraag niet eens. In plaats daarvan besloot hij om zijn oude baan in zijn woonplaats te behouden. Deze plaats was dicht bij de ashram en hij zou vaak de gelegenheid hebben om Amma te zien en deel te nemen aan de spirituele en dienstverlenende activiteiten van de ashram. Zo gemakkelijk verdween het verlangen om te vliegen dat hij zijn hele leven had gekoesterd. Hij streefde nu naar iets dat nog hoger was.

Het is een vreemd maar algemeen voorkomend verschijnsel dat velen van ons met honderden problemen naar Amma komen en denken: "Als ik deze problemen aan Amma vertel, worden ze misschien door haar genade opgelost." Maar wanneer we bij Amma komen, kunnen we geen woord uitbrengen. We vergeten alles. In Amma's aanwezigheid zijn wij vervuld van de liefde en de vrede die ze onafgebroken uitstraalt. Haar goddelijke vibraties verfrissen en kalmeren ons. De vreugde die we in de nabijheid van Amma ervaren, is een soort vooruitblik; het is een nietige glimp van de eeuwige gelukzaligheid die in ons besloten ligt en die we kunnen verwerven door het realiseren van onze eenheid met God.

Wanneer we niet meer in Amma's aanwezigheid zijn, duiken onze verlangens en problemen natuurlijk weer op en worden we opnieuw rusteloos. We kunnen echter leren van de ervaring die we in Amma's aanwezigheid hadden. Zij laat ons zien dat, als de geest van alle gedachten en verlangens bevrijd is, er enkel vrede en gelukzaligheid overblijven. We kijken in de kern van ons wezen, dat niets anders is dan het Atman of God. Het voorproefje van gelukzaligheid dat we in aanwezigheid van Amma krijgen, stelt ons in staat om te begrijpen dat het geluk dat we ervaren als we onze verlangens loslaten, veel groter is dan het geluk dat we ervaren als we diezelfde verlangens bevredigen.

In feite is het bevredigen van een verlangen hetzelfde als het proces van het verwijderen van dat verlangen. Wanneer we bijvoorbeeld een sportauto willen, kopen we er een en verdwijnt ons verlangen naar een sportauto. Door de sportauto te kopen, verwijderen we het verlangen ernaar. Als we echter onze gecultiveerde verlangens kunnen loslaten – door onderscheid te maken, door tijd door te brengen in de aanwezigheid van een spirituele meester of door het verlangen te vervangen door iets dat hoger is – hoeven we niet alle moeite te doen om ze te bevredigen en sparen we veel tijd en energie. Het is ook goed om in gedachten te houden dat er heel veel verlangens zijn die we niet kunnen vervullen, ook al proberen we dat.

Er zijn natuurlijk basisbehoeften en noodzakelijkheden; die kunnen we als natuurlijke verlangens beschouwen. Het kan zijn dat we een auto nodig hebben in verband met het leven dat we leiden. Als spiritueel aspirant willen we echter het gecultiveerde verlangen naar een sportauto loslaten. Als we Zelfrealisatie tot doel hebben, is het beter dat we wegblijven van de dingen die we kunnen missen.

Gedurende Amma's laatste tournee door Noord-India stopte Amma voor een lunchpauze op een veld boven op een kleine heuvel. De toegewijden die met haar meereisden verzamelden zich om haar heen. Een westerse toegewijde stelde een vraag: "Amma, wat is de juiste houding als we geconfronteerd worden met iets waaraan we sterk gehecht zijn, iets waarmee we ons zo geïdentificeerd hebben dat we het niet kunnen loslaten?"

Amma antwoordde: "Als je verlangen intens is en je probeert het te onderdrukken, zal het alleen maar met meer kracht terugkomen. Aan de andere kant zal het verlangen terug blijven komen, ook al hebben we er twee of drie keer aan toegegeven. Daarom moeten we niet denken dat het verlangen vervuld zal zijn door eraan toe te geven."

Amma gaf als voorbeeld het verlangen naar een partner. Ze zei: "Zelfs als we honderd worden, is dat verlangen er nog en zelfs als iemand trouwt, kan hij zich tot andere mensen aangetrokken voelen. Op een bepaald moment moeten we proberen om *vairagya* (onthechting) te ontwikkelen."

De man was niet tevreden met Amma's antwoord. Hij had een bepaald verlangen in gedachten. "Amma, ik wil graag met mijn boot van Amerika naar India varen. Dit plan heb ik al vele jaren."

Amma vroeg hem hoe lang het zou duren om van Amerika naar India te varen.

"Tussen twee maanden en tien jaar."

De vredige heuvel barstte in lachten uit.

"Heeft iemand dit al eens eerder gedaan?" vroeg Amma hem. "Het is niet hetzelfde als aan boord van een schip gaan; er spelen veel factoren een rol."

De man vertelde Amma dat er veel mensen soortgelijke reizen hadden gemaakt en voegde eraan toe dat hij de afgelopen twintig jaar op zee geleefd had.

Amma merkte op: "Zelfs na twintig jaar op zee is dit verlangen nog niet uitgeblust. Misschien kun je tot God bidden: 'Laat me in mijn volgende leven een dolfijn worden!'"

Weer werd er gelachen, maar de man protesteerde. "Het gaat erom van de vasana af te komen. Dat is wat ik wil."

Omdat ze het oprechte verlangen naar hulp van de man zag, ging Amma's mededogen naar hem uit: "Nee, een vasana kan nooit uitgeput worden door eraan toe te geven. De onthechting die daardoor ontstaat, is alleen maar *smashana vairagya* (de tijdelijke onthechting die we ervaren wanneer we een crematieterrein bezoeken). Wanneer iemands echtgenote overlijdt, kan de man zeggen: 'Ik zal nooit hertrouwen,' maar na enige tijd trouwt hij toch opnieuw."

Verder vertelde Amma de man dat hij de tocht kon maken, als hij de route en de mogelijke problemen goed bestudeerde en als zijn verlangen nog steeds zo sterk was. Amma vroeg zich wel af wat er volgens hem zo bijzonder aan deze reis was. Ze vroeg het hem en hij bekende dat hij het in feite ook niet wist.

Amma raadde hem aan om tijdens de reis voortdurend zijn geest te observeren en na te denken. Ze zei hem de reis in etappes te verdelen, eerst een etappe te doen en dan te kijken hoe zijn geest reageerde. Evenzo na de tweede en de derde etappe. "Iedere keer als je een etappe afrondt, observeer dan je geest. Kijk of het verlangen om verder te gaan nog bestaat. Als je door wilt gaan, ga je gang. Maar als het verlangen nog bestaat nadat je de derde etappe hebt gedaan, zou je je toch moeten realiseren dat het verlangen nooit verdwijnt. Houd dan alsjeblieft op."

Tot slot maakte Amma misschien wel de meest indringende opmerking van die middag: "De moeite die je aan deze reis gaat besteden, zou beter gebruikt kunnen worden om de armen te helpen: om voedsel en kleding voor hen te kopen en om onderwijs voor hen te verzorgen. Kijk en onderzoek of je verlangen om te varen niet alleen maar de ondeugendheid van je geest is."

Amma's advies aan deze zeeman met problemen is net zo goed van toepassing op onze eigen verlangens. We kunnen ze niet laten verdwijnen door eraan toe te geven en als we ze onderdrukken, springen ze weer op als een strak opgerolde veer. In plaats van onze verlangens te onderdrukken kunnen we ze beter vervangen door edelmoedige ideeën en handelingen. Dan zullen de verlangens vanzelf verdwijnen.

In de Purana's wordt een mooi verhaal verteld. Kubera, de god van rijkdom en een toegewijde van Heer Shiva, dacht op zekere dag bij zichzelf: "De Heer heeft de verschijningsvorm van een bedelaar aangenomen. De mensen in de wereld worden met de dag zelfzuchtiger. Kan de Heer dan nog wel genoeg aalmoezen verzamelen om voor de hele wereld te zorgen? Omdat de Heer de wereld boven zijn gezin stelt, krijgt zijn zoon Ganesha misschien niet genoeg te eten." Vanuit deze gedachte nodigde Kubera Ganesha uit voor een groot feestmaal. Ganesha kwam bij het paleis van Kubera aan en zag dat er een enorme maaltijd voor hem klaarstond. Kubera liet hem weten: "Mijn lieve Ganesha, neem zoveel als je wilt. Eet tot je genoeg hebt." Voordat Kubera het wist, had Ganesha de hele maaltijd verslonden; er bleef niets over. Omdat hij nog steeds honger had, begon Ganesha de borden, de lepels, de messen en zelfs de tafel op te eten. Toen hij alles in de kamer verslonden had, keek hij naar Kubera. Iets in de manier waarop Ganesha naar hem keek, maakte Kubera plotseling bang. Kubera nam de benen, maar Ganesha rende achter hem aan. Kubera rende zo snel als hij kon en nam uiteindelijk zijn toevlucht tot Ganesha's vader, Heer Shiva. In feite verborg hij zich achter Heer Shiva. Ganesha stormde recht op de plaats af waar zij stonden. Op het laatste moment strekte Shiva zijn arm uit. In de open palm van zijn hand lag een enkel korreltje gepofte rijst. Ganesha stopte abrupt, pakte met zijn slurf het graantje op en stopte het in zijn mond. Zijn honger was onmiddellijk gestild.

Hoewel wij het wellicht als de vloek van ons bestaan ervaren, is onze ontevredenheid, het voortdurende gevoel van onvolledigheid, in feite een kostbaar geschenk van God. Als we dit met een zuivere geest, oprecht onderzoeken, zullen we tot de ontdekking komen dat al onze behoeften – en de tegenslagen, de frustraties en het verdriet die we tegenkomen bij onze pogingen om ze te bevredigen – ons naar God leiden. Zoals de christelijke monnik Jean Pierre de Caussade in de zeventiende eeuw schreef: "God onderricht het hart niet met ideeën, maar met pijn en tegenstrijdigheden."

Ganesha vertegenwoordigt ieder van ons en het feest van de koning vertegenwoordigt alle ervaringen en plezierige dingen van de wereld. Het verhaal leert ons dat de leegte, de ontevredenheid en de rusteloosheid die we van binnen voelen, nooit vervuld zullen worden door de dingen van de wereld. Heer Shiva vertegenwoordigt de goeroe die ons met een enkel woord, blik of gebaar volledige vervulling kan brengen[1]. Zoals gepofte rijst niet kan ontkiemen, zo maken de leringen en de genade van de goeroe een einde aan de cyclus van leven en dood. Alleen als we onder leiding van de goeroe onze eenheid met God realiseren, zal onze honger tenslotte kalmeren en zullen we ware vrede en tevredenheid kennen. ❖

---

[1] Heer Shiva wordt als de eerste goeroe gezien.

Hoofdstuk 9

Leven na de dood

"De dood is niet het einde; het is als de punt aan het einde van een zin. Het is het begin van een nieuw leven."

– Amma

Enige jaren geleden kwam een westerse vrouw met haar twee kleine kinderen naar India om in Amma's ashram te wonen. De kinderen voelden zich natuurlijk tot Amma aangetrokken en raakten erg aan haar gehecht. Als de darshan van die dag was afgelopen, brachten ze dagelijks uren met Amma in haar kamer door. Met name een van de jongens had een zeer hechte band met Amma. Ze keek hem vaak urenlang liefdevol in de ogen. De jongen werd nooit verlegen voor Amma en knipperde niet eens met de ogen als ze naar hem keek. Via haar zoon raakte ook de moeder zeer gehecht aan Amma. Nadat zij echter enkele jaren in de ashram hadden gewoond, moesten ze vanwege familieproblemen de ashram voor tenminste enige maanden verlaten. Amma adviseerde de verwarde moeder om de problemen op te lossen en dan zo spoedig mogelijk terug te komen. De moeder was echter ontroostbaar. Ze was zo aan Amma en aan de ashram gehecht dat ze de gedachte om zelfs maar voor korte tijd te vertrekken niet kon verdragen.

Na verloop van tijd werd het duidelijk dat een kort verblijf in haar eigen land onontkoombaar was. Dus boekte de moeder met haar twee zoontjes een vlucht naar huis. Ze beloofde om zo snel mogelijk terug te komen. Enkele dagen na hun vertrek bereikte ons het tragische nieuws dat de moeder van de jongens

op de dag van hun thuiskomst een hartaanval gekregen had en meteen overleden was. Amma werd tijdens de darshan van die ochtend hierover ingelicht. Gedurende de verdere darshan vergoot Amma tranen. Ook de dagen daarna huilde ze met tussenpozen. Steeds als ze huilde, sprak ze over de verschrikkelijke angst die de twee jongens nu vast en zeker doormaakten. Hoewel Amma altijd zegt dat degenen die achterblijven onze gebeden het hardst nodig hebben, vroeg ik me toch af waarom ze niet meer zei over de overleden moeder. Toen ik de verweesde jongens weer ontmoette, kreeg ik hierop antwoord.

Het was gedurende een van Amma's tournees in het buitenland. Amma hield beide jongens lange tijd in haar armen, kuste hun voorhoofd, haalde haar handen door hun haar en streelde hun rug. De oudere jongen stelde Amma een vraag: "Waar is onze moeder heen gegaan?"

"Jullie moeder is bij mij," vertelde Amma hem. "Ze is voor altijd in mij opgegaan."

Ik vertaalde toen voor Amma en terwijl ik haar woorden getrouw en exact weergaf, herinnerde ik mij een citaat uit de geschriften: "Alleen *jnana*[1] leidt tot bevrijding." Ik dacht bij mijzelf dat deze vrouw geen *jnani* (iemand die jnana heeft verworven) scheen. Tegelijkertijd herinnerde ik me onmiddellijk het verhaal dat al in *Het Ultieme Succes* beschreven is, dat Amma, toen ze nog maar een jong meisje was, bevrijding verleende aan een geit van de familie. Ook herinnerde ik me dat Ramana Maharshi *mukti* (bevrijding) schonk aan zijn moeder en aan een koe die in zijn ashram woonde. Allebei hadden ze geen jnana verworven voordat ze stierven. Voor gewone mensen gaan de beweringen uit de geschriften natuurlijk op: wij kunnen niet tot bevrijding komen als we voor onze dood ons Ware Zelf niet realiseren. Maar mahat-

---

[1] Dit betekent letterlijk, "kennis." Hier verwijst jnana naar het kennen van de eigen ware natuur als Brahman, het Allerhoogste Bewustzijn.

ma's zijn niet gebonden aan de geschriften; met de genade van een mahatma als Amma is alles mogelijk. Op zekere dag kwam een man uit Tamil Nadu met enkele vrienden Amma bezoeken. Bij zijn darshan vroeg hij aan Amma: "Kunt U mij bevrijding geven? Als dat zo is, geef mij dan alstublieft een mantra."

Amma zei: "Ja, maar niet nu. Je hebt nog wat meer karma op te lossen in dit leven; kom later maar eens terug." Na enkele weken kwam de man terug en vroeg Amma weer om een mantra. Amma zei dat ze hem er een zou geven, maar de man wist niet dat Amma gewoonlijk alleen aan het eind van de darshan van die dag mantra's geeft en zodoende vertrok hij zonder te wachten. De derde keer dat hij bij Amma kwam, kreeg hij eindelijk de mantra.

Overdag had hij niet veel tijd om de mantra te herhalen, omdat hij het erg druk had als manager van een bedrijf. Maar hij wilde de kans om de sadhana die Amma hem had aangeraden te doen, niet missen. Daarom ging hij iedere avond na middernacht zitten om tot vroeg in de ochtend de mantra te herhalen en te mediteren.

Daarna kreeg hij veel belangstelling voor het organiseren van een programma voor Amma in de stad in Tamil Nadu waar hij woonde. Als voorbereiding daarop ging een van Amma's brahmachari's erheen om een satsang te houden en meer bekendheid aan Amma te geven. Toen de toegewijde uit Tamil Nadu de brahmachari aan het publiek wilde voorstellen, begon hij in de microfoon te reciteren: "Om Amriteswaryai Namah, Adi Parashakti, Amma, Akhilandeswaryai, Amriteswari…" (Ik buig neer voor de onsterfelijke Godin, de fundamentele Allerhoogste Energie, Moeder, Godin van de gehele schepping). Onder het reciteren begon hij op en neer te zwaaien totdat hij achterwaarts van het podium af viel. Het zag eruit alsof hij door devotie overweldigd was. Een paar vrijwilligers die in de buurt stonden sprongen naar voren om hem te helpen. Toen ze naast hem stonden, zagen ze dat hij niet meer ademde. Ze brachten hem in allerijl naar een ziekenhuis in de buurt. Daar werd verklaard dat hij overleden was. Hij was gestorven terwijl hij Amma's naam herhaalde.

De brahmachari die de satsang zou geven, belde mij onmiddellijk op en vroeg me om Amma in te lichten. In die dagen waren de brahmachari's gewoon om de *Lalita Sahasranama* (duizend namen van de Goddelijke Moeder) te reciteren als gebed voor de vertrokken ziel van een toegewijde. Ik lichtte Amma in over de dood van de toegewijde in Tamil Nadu en ik vroeg haar of we die avond de *Lalita Sahasranama* zouden reciteren. Ze zei: "Jullie gebeden zijn niet nodig; hij is al op zijn bestemming aangekomen." Ik begreep dat hij met het Oneindige versmolten was.

In beide gevallen wist ik dat het niet aan mij was om Amma's beweringen over het lot van de ziel te betwijfelen. Ik was over zulke zaken totaal onwetend, terwijl Amma duidelijk had laten zien dat haar kennis van het leven na de dood perfect was en uit eigen ervaring voortkwam.

Ongeveer vijfentwintig jaar geleden trof Swami Purnamritananda Puri (destijds Brahmachari Srikumar) Amma aan terwijl ze op de veranda van de oude tempel[2] zat en snel iets in een schrift noteerde. Toen hij dichterbij kwam, keerde Amma zich af, verborg wat ze geschreven had en sprak op strenge toon: "Zoon, blijf nu even uit mijn buurt!"

Swami Purnamritananda gehoorzaamde gedwee, maar zijn nieuwsgierigheid was wel sterk gewekt. Amma ging gefascineerd meer dan twee uur door met schrijven. Ze schreef twee schriften van tachtig pagina's vol. Uiteindelijk, toen hij zag dat Amma klaar

---

[2] De oorspronkelijke tempel van de ashram was niet groter dan een kleine voorraadkamer en was de verbouwde koeienstal van Amma's familie. Daarop terugkijkend is het verbazingwekkend dat Amma, die tegenwoordig programma's heeft in amfitheaters en stadions, ooit darshan kon geven in zo'n kleine ruimte.

was, ging hij naar haar toe en vroeg: "Amma, waarover hebt U geschreven?" Zonder antwoord te geven stond Amma abrupt op en vertrok. Ze nam de schriften mee.

Enige maanden gingen voorbij. Op een middag, toen Swami Purnamritananda Amma's hut aan het schoonmaken was, trok een houten kist onder haar bed zijn aandacht. Hij maakte de kist open. In de kist lagen dezelfde twee schriften waarin Amma enkele maanden geleden had zitten schrijven. Hij opende een schrift en toen hij begon te lezen, was hij stomverbaasd; in duidelijk en prachtig proza had Amma de geheimen van het universum blootgelegd zodat de antwoorden voor iedereen heel duidelijk te zien waren. Plotseling hoorde hij in de verte Amma naderen. Snel deed hij de schriften dicht, legde ze terug in de kist en duwde die terug onder haar bed.

Swami Purnamritananda vergat de inhoud van deze schriften nooit meer. Enige jaren later, toen een toegewijde een verzameling van Amma's leringen wilde publiceren, ging hij Amma's hut in, trok de kist onder haar bed vandaan en vond daar weer de schriften. Plotseling kwam, als uit het niets, Amma binnen. Ze griste de schriften uit zijn handen en rende de hut uit in de richting van de backwaters. Terwijl hij vol ongeloof toekeek, verscheurde Amma de schriften, rukte de pagina's eruit, versnipperde ze in kleine stukjes en gooide ze in het water.

Toen Amma de schriften uit zijn handen gegrist had, waren er echter een paar pagina's in zijn handen achtergebleven. Op deze bladzijden had Amma de reis beschreven die de ziel na de dood maakt voordat hij in een andere fysieke vorm wedergeboren wordt.

Sindsdien heeft Amma hetzelfde proces bij verschillende gelegenheden mondeling beschreven. Amma zegt dat als het lichaam sterft, onze ziel intact blijft, zoals elektriciteit intact blijft als er een lamp kapot gaat. Een subtiele aura omringt ons lichaam; zoals een bandrecorder alles opneemt wat we zeggen, zo neemt onze aura tijdens ons leven al onze gedachten, woorden en handelingen op. Na onze dood gaat de aura de atmosfeer binnen in de vorm van een ballon samen met de *jiva* (individuele ziel). Dan stijgt hij in de atmosfeer op als de rook van een sigaret.

Deze zielen worden dan opnieuw geboren in overeenstemming met hun karma. Ze komen weer naar de aarde in de vorm van regen of sneeuw, ze gaan de aarde binnen en worden één met de planten. Deze planten geven op hun beurt fruit, groenten en graan. Als dit voedsel door mensen gegeten wordt, integreert de ziel in hun bloed. Het bloed wordt zaad en zo gaat de ziel tenslotte het eitje binnen om een ander fysiek lichaam aan te nemen.

Aan de andere kant gaan de zielen die het Zelf hebben op het moment van de dood gerealiseerd, op in het oneindige, zoals een druppel water opgaat in de oceaan of zoals de lucht in een geknapte ballon één wordt met de totaliteit. Voor een dergelijke ziel is er geen wedergeboorte.

Net zoals wij een transparant kristal in water niet kunnen zien, kunnen we de ziel niet zien. We kunnen om die reden niet concluderen dat de ziel niet bestaat. In onze oogleden zitten veel bacteriën, maar die kunnen wij ook niet zien. Net als natuurkunde, scheikunde of geologie is spiritualiteit een wetenschap, ontwikkeld uit observatie en verifieerbaar door ervaring. De instrumenten om te observeren moeten subtieler zijn, omdat het te bestuderen object subtieler is. In feite zijn alle spirituele oefeningen alleen maar een middel om onze innerlijke instrumenten te reinigen en te zuiveren. Zoals een vuile spiegel geen duidelijk weerkaatsing geeft, kunnen wij de subtiele werkelijkheid niet waarnemen als onze innerlijke instrumenten overstemd worden door gedachten en verlangens. Wanneer wij *antahkarana shuddhi* (zuiverheid van innerlijke instrumenten) verkregen hebben, wordt de Waarheid geopenbaard in al haar goddelijke glorie.

Amma's beschrijving van het leven na de dood is perfect in overeenstemming met het onderricht in de Upanishaden. Toch heeft Amma de geschriften nooit bestudeerd. Men zegt dat de Veda's, waarvan de Upanishaden een onderdeel zijn, de adem van God zijn. De mantra's waaruit ze bestaan, zijn niet door iemand bedacht, maar zijn waargenomen door de *rishi's* (zieners). Deze mantra's hebben altijd in een subtiele vorm in de atmosfeer bestaan. Amma had het niet nodig om de geschriften te lezen omdat haar waarneming subtiel genoeg is om deze waarheden te zien; voor Amma is het universum een open boek. Ieder gesprek met haar is een Upanishad.

We kunnen ons afvragen waarom Amma de schriften verscheurde. Alleen Amma weet het zeker, maar toen ik overdacht wat haar motief kon zijn, herinnerde ik me een verhaal over Heer Shiva en zijn tweede zoon, Skanda (Muruga). Skanda had met goddelijke kracht alle geschriften van Sanatana Dharma van buiten geleerd. Dit is een lijst boeken die veel te uitgebreid is om in één mensenleven te assimileren. Op een dag ging Heer Shiva naar zijn zoon en zei: "Jij hebt een uitvoerige kennis van de geschriften en van alle takken van de Vedische wetenschap. Je bent ook perfect op de hoogte van de wetenschap van *jyotish* (Vedische astrologie). Vertel mij alstublieft wat deze wetenschap zegt over mijn toekomst."

Gehoorzaam maakte Skanda een astrologische kaart voor zijn vader. Hij bestudeerde hem even, keek op en zei: "U zult twee vrouwen hebben, geen noemenswaardige bezittingen en u zult uw hele leven doorbrengen als een dakloze bedelaar zonder eigen huis."

Toen hij Skanda's voorspelling gehoord had, zei Heer Shiva: "Het is waar dat je de toekomst accuraat kunt voorspellen, maar je kent de juiste manier niet om deze informatie aan anderen mee te delen. Zelfs als je het leven van je eigen vader beschrijft, maak je dat het zo beschamend klinkt. Wat zul je dan tegen gewone mensen zeggen? Je presenteert je voorspellingen niet in een positief licht, maar spreekt lukraak, zonder het juiste onderscheid te maken en kwetst anderen met je woorden. Voortaan zul je niet meer in staat zijn om iets helemaal accuraat te voorspellen, zelfs niet als jij en allen die de wetenschap van jyotish bestuderen alle juiste informatie – tijd en plaats van geboorte en de posities van de sterren op dat tijdstip – bij de hand hebben."

Zo ontnam Heer Shiva aan de mensheid het vermogen om de toekomst volkomen trefzeker te voorspellen. Ik denk dat Amma op dezelfde manier, door haar notities te verscheuren, ervoor koos om ons het complete beeld van hoe de wereld werkt te onthouden. Misschien zijn we er niet klaar voor om dit onder ogen te zien. Of misschien is het, zoals Amma eens zei, als de prins die ermee instemt om blindemannetje te spelen. Met de blinddoek voor zijn ogen strompelt hij rond en zoekt naar zijn speelkameraden die zich verstopt hebben. Hij kan zijn blinddoek gemakkelijk afdoen of zijn vrienden tevoorschijn roepen als hij dat wil. Hij is immers de prins en iedereen is verplicht om aan zijn wensen tegemoet te komen. Maar dat zou alle plezier aan zijn spel ontnemen. ❖

Hoofdstuk 10

Ons spirituele DNA opnieuw structureren

*Spreek of handel met een onzuivere geest
en moeilijkheden zullen je volgen,
zoals het wiel de os volgt die de kar trekt.*

*Spreek of handel met een zuivere geest
en geluk zal je volgen
zoals je schaduw, onverstoorbaar.*

— Dhammapada

We weten allemaal dat onze huidige fysieke gesteldheid een product is van ons DNA. Dit DNA is op zijn beurt afkomstig van onze voorouders en kan niet gewijzigd worden, behalve dat het beschadigd kan worden door bepaalde factoren uit de omgeving. Maar stel je eens voor dat het mogelijk zou zijn om beetje bij beetje en heel geleidelijk onze eigen DNA opzettelijk te wijzigen. Het is duidelijk dat onze fysieke gesteldheid dan zou veranderen. Natuurlijk is het onmogelijk om dit met ons fysieke DNA te doen, maar het is wel mogelijk met ons spirituele DNA. Het spirituele DNA verwijst naar het karma dat we in dit en in vorige levens verzameld hebben.

Het zaad van een reusachtige mammoetboom (sequoia) weegt misschien maar een paar gram, maar het heeft de potentie om tot een boom van 2500 ton uit te groeien. Het zaad is letterlijk een product van het geheel van de boom, van de essentie van de boom, in een notendop. Zelfs als we het zaadje pas na duizend jaar in de grond stoppen, bepaalt de structuur van zijn DNA dat daaruit een reusachtige mammoetboom zal groeien; het zal niet uitgroeien tot een bananenboom.

Met ons karma, ons spirituele DNA, gaat het op dezelfde manier. Ook ons subtiele lichaam wordt op het moment van sterven samengevat in de vorm van een zaadje. Als de omstandigheden er rijp voor zijn, draagt ons spirituele DNA vrucht, net zoals het DNA in het zaadje van een boom zich na verloop van tijd tot een boom ontwikkelt.

Wij mensen zijn de architect van ons lot. Dit is niet alleen waar op het niveau van het individu, maar ook op het collectieve niveau. Tijdens een van Amma's buitenlandse tournees vond er een vraag- en antwoordgesprek plaats, waarbij een jongeman Amma vroeg: "Overal ter wereld zien we dat de inheemse culturen en oorspronkelijke tradities van de aardbodem verdwijnen. Waarom staat God toe dat dit gebeurt?" In haar antwoord zei Amma dat niet God deze culturen laat verdwijnen, maar de mensen. Ieder van ons draagt een gedeelte van de verantwoordelijkheid voor de maatschappij waarin we leven. God heeft ons verschillende talenten gegeven en de energie om te handelen; wat we met deze gaven doen is aan ons. We kunnen vuur gebruiken om voedsel te koken of om een huis in brand te steken. Als we vuur gebruiken om schade te berokkenen, kunnen we niet het vuur de schuld geven.

Er was eens een oudere timmerman die zijn hele loopbaan huizen gebouwd had, maar nooit genoeg geld verdiend had om zelf een huis te kopen. Hij wilde alsnog meer tijd met zijn kleinkinderen doorbrengen en daarom besloot hij om met pensioen te gaan.

Hij vertelde zijn werkgever over zijn voornemen om het bouwbedrijf te verlaten. De aannemer vroeg de oude timmerman of hij als een persoonlijke gunst nog één huis wilde bouwen. De timmerman zei ja, maar na verloop van tijd was het gemakkelijk te zien dat zijn hart niet bij zijn werk was. Hij verviel tot slecht vakmanschap en gebruikte inferieure materialen. Het was een ongelukkige manier om zijn loopbaan te beëindigen.

Eindelijk had de timmerman het werk af en kwam de aannemer het huis inspecteren. Hij was verrast dat de timmerman zulk slecht werk had afgeleverd, iets wat helemaal niet bij hem paste. Hij gaf echter geen commentaar. In plaats daarvan zuchtte hij treurig en overhandigde de sleutel van de voordeur aan de timmerman met de woorden: "Dit is jouw huis, het is een geschenk van mij aan jou." De timmerman realiseerde zich zijn fout en dat brak zijn hart. Met van schaamte hangend hoofd nam hij de sleutel van zijn nieuwe huis aan.

Als de timmerman geweten had dat hij zijn eigen huis aan het bouwen was, zou hij zijn werk met veel meer oprechtheid en zorg gedaan hebben. Nu was het daar te laat voor; hij moest wonen in het huis dat hij gebouwd had.

Op dezelfde manier is ons leven van vandaag het resultaat van onze gedachten, woorden en handelingen in het verleden. Ons leven van morgen zal het resultaat zijn van de keuzes die we vandaag maken. Dit geldt niet alleen voor dit leven maar ook voor onze levens in het verleden en in de toekomst. Iedere handeling, goed of slecht, heeft een gevolg. Een goede daad leidt tot een positief resultaat (als ik bijvoorbeeld iemand help, zal die persoon op een dag mij misschien helpen). Een slechte daad geeft een negatief resultaat, ofwel meteen of op de lange duur.

Net als de wet van de zwaartekracht is de wet van karma strikt en onwrikbaar. Maar met de genade van een mahatma, met vertrouwen en een beetje inspanning kunnen we ons spirituele DNA herstructureren. Zo kunnen we ons lot gunstiger maken dan het anders misschien geweest zou zijn en heel wat lijden voorkomen.

Een toegewijde van Amma deed *seva* (onbaatzuchtige dienstverlening) in de keuken tijdens een programma van Amma in Tamil Nadu. Toen hij kokend water van de ene ketel in de andere goot, gleed zijn hand uit en het water spatte op zijn arm. Er ontstonden meteen blaren op zijn huid. Nadat hij eerste hulp gekregen had, ging hij naar Amma om te vertellen wat er gebeurd was. Hoewel hij dit op dat moment niet tegen Amma zei, was hij innerlijk toch enigszins verontrust door het incident. Hij vroeg zich af: "Hoe kon zoiets nu gebeuren terwijl ik seva voor Amma aan het doen was?"

Een week later, toen Amma weer terug was in Amritapuri en de toegewijde weer naar zijn werk was, kreeg ik een telefoontje van zijn vrouw. Ze was erg bedroefd. Op de fabriek waar haar man werkte was een explosie geweest. Verschillende mensen waren met ernstige brandwonden naar het ziekenhuis gebracht. Ze had gehoord dat haar man bij de ernstig gewonden was en ze wilde Amma's zegen om er zeker van te zijn dat alles goed met hem zou gaan. Niet lang daarna belde ze weer op om te vertellen dat haar man niet in de fabriek was toen het ongeluk gebeurde. Hij was onderweg om een boodschap te doen. Een collega met dezelfde naam was naar het ziekenhuis gebracht.

Enkele dagen later ging de toegewijde persoonlijk naar Amma om haar zijn dankbaarheid te betuigen dat ze hem tegen letsel beschermd had; hij wist gevoelsmatig dat het alleen te danken was aan de genade van Amma dat hij niet in de fabriek aanwezig was toen het ongeluk gebeurde.

"Waarom zou je nu verbrand moeten zijn?" vroeg Amma hem luchthartig. "Ben je vergeten wat er vorige week gebeurd is?"

Toen hij Amma's woorden hoorde, stond de toegewijde versteld. Plotseling realiseerde hij zich dat de kleine brandwonden die hij een week eerder bij zijn seva tijdens Amma's programma had opgelopen, een versluierde zegen waren geweest; op deze manier had Amma hem geholpen om het karma op te lossen dat anders misschien gevolgen gehad had bij de brand in de fabriek.

Toen mijn *purvashrama*[1] zus erg jong was, werd ze getroffen door een afmattende reuma. Mijn purvashrama ouders bezochten vele artsen en probeerden ieder beschikbaar medicijn, maar niets genas de ziekte. Zoals bijna alle ouders in India zouden doen, consulteerden ze tenslotte een astroloog om spirituele genezing te vinden. Na haar horoscoop gelezen te hebben, adviseerde de astroloog om een aantal grootschalige vuurceremonies te houden. Hiervoor moesten mijn ouders tien of twaalf priesters inhuren en gratis maaltijden uitdelen aan arme brahmanen. Ondanks de hoge kosten volgden mijn ouders de instructies van de astroloog op. Binnen vier maanden was de gezondheid van mijn zus hersteld. Tien jaar later kwamen de symptomen van de ziekte echter terug. Tegen die tijd hadden we Amma ontmoet. Maar toch dachten mijn ouders dat ze dezelfde oude rituelen weer moesten doen om haar te redden; het enige verschil was dat in de tussenliggende jaren de kosten van het huren van de priesters en van de uitgebreide ceremonies flink gestegen waren.

Maar deze keer wilde mijn zus niet meewerken. Ze vond dat ze gemakkelijk alleen door Amma's genade genezen kon worden. Toen ze Amma over haar probleem vertelde, gaf Amma haar een mantra en vroeg haar om deze elke ochtend en elke avond gedurende dertig minuten te herhalen. Mijn zus volgde de instructies van Amma op en na zes maanden was haar gezondheid in orde.

---

[1] Als iemand sannyasi is geworden spreekt hij niet meer op de gewone manier over zijn verwanten als 'mijn moeder', 'mijn zus', enzovoort. Van een sannyasi wordt namelijk verwacht dat hij alle gehechtheden aan en verantwoordelijkheden voor zijn biologische familie heeft getranscendeerd. Als een sannyasi verwijst naar een biologisch familielid, zal hij dit vooraf laten gaan door de term *purvashrama* (uit mijn vorige levensfase). Omwille van de leesbaarheid heb ik dit woord weggelaten bij alle verwijzingen naar mijn biologische familie, behalve bij de eerste verwijzing.

In de geschriften staat dat er drie soorten karma zijn. *Sanchita* karma is het totale resultaat van onze handelingen in alle vorige levens. Het deel van ons sanchita karma dat we in dit leven zullen ervaren wordt *prarabdha* karma genoemd. Dit karma is verantwoordelijk voor ons huidige leven. Ons prarabdha karma bepaalt of we man of vrouw zijn, of we chronisch ziek zijn of zo gezond als een paard, of we van zilveren lepels eten of uit een afvalemmer en nog talloze andere factoren in ons leven. Dit prarabdha karma is het spirituele DNA dat we meebrengen naar dit leven.

Ter illustratie van prarabdha karma geeft Amma het voorbeeld van tweelingen die uit dezelfde moeder geboren zijn. Soms is een van de twee blind, terwijl het andere kind helemaal gezond is. God doet dit niet opzettelijk. Het is het resultaat van hun handelingen in vorige levens. Dat de vader en moeder een kind krijgen met een dergelijke handicap komt door hún prarabdha karma.

We vervullen tijdens ons leven niet alleen ons prarabdha karma, maar stellen ook veel nieuwe daden. De resultaten van handelingen in ons huidige leven komen bij ons krediet en worden *agami* karma genoemd. Veel van dit agami karma zal in dit leven vrucht afwerpen. De rest zal na onze dood aan ons sanchita karma toegevoegd worden. Als het prarabdha karma uitgeput is, sterft het lichaam.

Na de dood van ons lichaam wordt een ander deel van het sanchita karma het prarabdha karma van ons volgende leven. In die nieuwe incarnatie zullen we weer agami karma creëren. Om dat op te lossen moeten we opnieuw geboren worden. Dit is *samsara* ofwel de cyclus van geboorte en dood. Alle levende wezens die onwetend zijn over hun Ware Zelf zijn gevangen in deze zich herhalende cyclus

Amma zegt dat er, net zoals er natuurkundige wetten zijn als zwaartekracht en opwaartse kracht, ook subtiele spirituele wetten zijn. De wet van karma is een dergelijke wet. Als we ons bewust zijn van de wet van de zwaartekracht, zullen we opletten dat we niets laten vallen. Als we ons op dezelfde manier bewust zijn van de wet van karma, zullen we zorgvuldig zijn met iedere gedachte, woord en handeling. Op deze manier kunnen we ons spirituele DNA herstructureren en een toekomst voor onszelf creëren die onze spirituele vooruitgang steeds meer bevordert.

Als iemand Zelfrealisatie bereikt, worden het agami karma en sanchita karma onmiddellijk tenietgedaan omdat de bevrijde ziel zich realiseert dat hij het Atman, de eeuwige getuige is. Als er geen brandstof in de tank zit, kunnen we niet rijden, zelfs niet als we achter het stuur zitten. Tegelijkertijd kunnen we niet de brandstof de schuld geven als we in een wrak terechtkomen. Op dezelfde manier kunnen het lichaam, de geest en het intellect alleen functioneren in aanwezigheid van het Atman, maar het Atman zelf doet niets. Het Atman verricht nooit enige handeling en bouwt daarom nooit karma op.

Omdat een gerealiseerd iemand geïdentificeerd is met het Atman, zal geen enkele daad na zijn Zelfrealisatie nieuw karma voor hem creëren. Na Zelfrealisatie resteert alleen het prarabdha karma dat aan het huidige bestaan gekoppeld is. Als dat opgelost is, valt het lichaam weg. Zulke bevrijde zielen zijn verlost van de cyclus van geboorte en dood[2].

Als we in dit leven bevrijding niet kunnen bereiken, kunnen we op zijn minst vermijden dat we onze last van sanchita karma vergroten door geen extra agami karma te creëren. Daarvoor is het nodig dat we leren om handelingen te verrichten zonder *kartrutva bodham*. Dat is het besef 'Ik ben de doener'. De gemakkelijkste manier om dit besef te transcenderen is onszelf te beschouwen

---

[2] Door hun eigen wilsbesluit kunnen zij echter opnieuw geboren worden om de wereld te zegenen, de lijdende mensheid te helpen en spirituele zoekers naar bevrijding te leiden. Amma zegt altijd dat ze bereid is om ontelbare malen geboren te worden omwille van haar kinderen.

als een instrument van God. Amma zegt dat we onszelf moeten zien als een pen in de handen van een goddelijke schrijver of als een kwast in de handen van een goddelijke schilder.

Zolang we nog handelen met het besef 'Ik ben de doener' of met het verlangen om van de vruchten van onze inspanningen te genieten, zetten we het verzamelen van karma voort. Deze ketting van karma houdt ons gevangen in de cyclus van geboorte en dood. Als we onze handelingen aan God offeren, zullen we niet gebonden worden door onze handelingen, noch door de resultaten ervan. Alles behoort Hem toe. Natuurlijk kunnen we anderen geen kwaad berokkenen of andere negatieve dingen doen en dit rechtvaardigen met de woorden: "Ik ben niet de doener. God doet alles." De geschriften van alle religies sporen ons altijd aan om liefhebbend en meedogend ten opzichte van anderen te zijn en om ons rechtvaardig en deugdzaam te gedragen. Als we in strijd met Gods instructies handelen, kunnen we niet God de schuld geven van wat we gedaan hebben.

Amma zegt dat wij, als we succes hebben, alle eer opeisen en snel zeggen: "Ik heb dat gedaan, ik heb daarvoor gezorgd." Als onze inspanningen mislukken, wijzen we met onze vinger in de tegenovergestelde richting, zelfs als het door onze eigen fout komt.

Een oudere man reed over de snelweg toen zijn telefoon overging. Het was zijn vrouw. Er klonk paniek in haar stem toen ze zei: "Henry, ik hoorde zojuist op het nieuws dat er een auto op de snelweg de verkeerde kant oprijdt. Rijd alsjeblief voorzichtig, lieveling!"

Henry beklaagde zich: "Ik weet niet hoe ze aan die feiten komen. Het is niet één auto, het zijn er honderden!"

We zouden kunnen denken: "Waarom zou ik alles in Gods handen leggen? Ik dank mijn succes aan mijn talenten en aan mijn bekwaamheden." Maar precies deze houding bindt ons aan onze handelingen en aan de daaruit voortvloeiende resultaten.

In Amma's ashram werken veel mensen erg hard zonder er iets voor terug te verwachten. We werken iedere dag vele uren zonder salaris en we zijn blij dat we al onze inspanningen aan Amma en de wereld aan kunnen bieden. Deze inspanningen zijn inderdaad prijzenswaardig. Hoewel we onze taken zeker met toewijding en liefde vervullen, hebben sommigen van ons nog steeds het besef: "Ik heb dit gedaan; ik heb zoveel voor Amma gedaan." In plaats daarvan kunnen we de houding ontwikkelen: "Wat ik ook doe, het is Gods kracht die me in staat stelt om het te doen." Zo kunnen we het volle voordeel halen uit onbaatzuchtig handelen. In plaats van in de hemel te komen kunnen we het ego uitschakelen en zo verdienste en tekortkoming, hemel en hel overstijgen. Zo kunnen we de zuiverheid van geest verwerven die een fundamenteel vereiste is voor onze uiteindelijke bevrijding.

Lang geleden leefde er een welwillende maar machtige keizer met de naam Mahabali, die de gehele wereld en ook de hemel veroverd had. Zijn regering was een gouden tijdperk, waarin zijn onderdanen gelukkig en tevreden waren. Ze leefden vrij van zorgen. Soms praat Amma over haar kindertijd en over de viering van Onam, een festival ter herinnering aan de regering van Mahabali. Ze herinnert zich dat in ieder dorp de kinderen van ongeveer vijftig tot zestig gezinnen zich verzamelden om te dansen en liederen over Mahabali te zingen. Een zo'n lied is:

mavēli nāṭuvāṇīṭuṁ kālaṁ
mānuṣarellārūm onnupōle

In de tijd dat Mahabali het land regeerde,
leefde de hele mensheid als één.

Hoewel Mahabali veel goede werken verricht had en zijn keizerrijk vreedzaam was, was hij toch een man die trots was op zijn grote prestaties. Om deze houding te corrigeren zodat de spirituele ontwikkeling van de keizer niet gehinderd zou worden, besloot

Heer Vishnu zich hierin te mengen. Heer Vishnu incarneerde in de vorm van een jonge brahmachari met de naam Vamana en bezocht de keizer. De hindoeïstische traditie schrijft voor dat een gast als God zelf wordt geëerd en dat hij tevreden weggaat. Dus toen Vamana bij het paleis aankwam, vroeg Mahabali aan de kleine jongen wat hij wenste. Vamana antwoordde: "Ik wens alleen maar een stukje land, groot genoeg om drie stappen op te zetten. Dan kan ik daar mijn ascese beoefenen."

Vervuld van eigenwaan dacht de keizer: "Wat is nu een stukje land van drie voetstappen voor mij, de heerser over zoveel werelden?" Met een neerbuigende blik verklaarde hij: "Is dat alles wat je wilt? Ik zou je drie landen kunnen geven!"

"Nee," riep Vamana. "Een stukje land ter grote van drie stappen is alles wat ik vraag."

Met een minachtend knikje verkondigde Mahabali: "Goed dan. Ik geef je drie stappen land. Zet die stappen maar!" Op dat moment begon de jongen Vamana te groeien. Hij groeide en groeide totdat zijn hoofd, daarna zijn schouders en tenslotte zijn gehele lichaam tot zijn enkels boven de wolken uitkwam. Met zijn eerste voetstap bestreek hij de hele aarde. Met zijn tweede voetstap bestreek hij de hemelrijken. Toen klonk zijn stem vanuit de hoogte: "Uwe majesteit, waar kan ik mijn derde stap zetten?"

De grote keizer realiseerde zich dat het alleen een goddelijke incarnatie kon zijn die voor hem stond. Hij boog diep en sprak: "O Heer, verwaardig u om uw voet op mijn hoofd te zetten."

Hoewel dit maar een korte samenvatting is, zit dit verhaal vol spirituele symboliek.

Met zijn eerste stap nam Heer Vishnu de hele wereld van Mahabali af. Daarbij vernietigde hij de *mamakara* van de keizer, ofwel zijn besef van 'mijn', dat zich manifesteerde als zijn gehechtheid aan zijn keizerrijk.

Mahabali had prachtige dingen tot stand gebracht. Hij werd erkend als een van de meest liefdadige en rechtvaardige heersers in de geschiedenis van de wereld. Daarmee had hij grote verdiensten verworven. Maar omdat Mahabali zichzelf als de steller van zijn daden en als de bron van al zijn macht zag, koesterde hij een enorme trots. Daardoor bond hij zich aan zijn handelingen en de gevolgen ervan. Zolang hij volhardde in de houding dat hij de doener was, moest hij steeds opnieuw geboren worden om het karma dat hij voor zichzelf creëerde op te lossen. Ook al was het goed karma waardoor Mahabali in de hogere werelden kon incarneren, het zou hem niet bevrijden van de cyclus van geboorte en dood. Met zijn tweede stap in de hemelrijken vernietigde Vishnu echter alle verdiensten van Mahabali. De keizer zou niet langer zijn goede karma uit hoeven te putten door opnieuw geboren te worden in de hogere werelden die vol beperkte genoegens zijn; hij zou onmiddellijk in het oneindige op kunnen gaan.

Met de derde stap, waarmee hij zijn voet op het hoofd van de keizer zette, vernietigde Vishnu Mahabali's besef van ego, ofwel *ahamkara,* en verkreeg Mahabali bevrijding. ❖

Hoofdstuk 11

Geven en zelfopoffering

Hoe ver werpt dat kleine kaarsje zijn lichtstralen!
Zo schijnt een goede daad zijn licht in een vermoeide
wereld.

– William Shakespeare

Onlangs hoorde ik het verhaal over een klein meisje dat aan een zeldzame en ernstige ziekte leed. Zij had alleen kans op herstel als ze een bloedtransfusie van haar vijf jaar oude broertje zou krijgen. Dit broertje had een jaar eerder dezelfde ziekte gehad en had dit maar net overleefd. In dit proces had zijn lichaam de antistoffen ontwikkeld die nodig waren om de ziekte te bestrijden.

De arts legde de situatie aan haar broertje uit en vroeg hem of hij bereid zou zijn om zijn bloed aan zijn zusje te geven. De jongen aarzelde maar heel even voordat hij diep ademhaalde en zei: "Ja, als het mijn zusje redt, zal ik het doen."

Terwijl de bloedtransfusie vorderde, lag hij naast zijn zusje in bed en glimlachte net als de rest van de familie toen ze zagen dat de kleur weer terugkeerde op de wangen van het meisje. Maar langzaam werd het gezicht van de jongen bleek en verflauwde zijn glimlach. Hij keek op naar de dokter en vroeg met trillende stem: "Zal ik meteen doodgaan?"

De kleine jongen had de dokter verkeerd begrepen; hij dacht dat hij *al* zijn bloed aan zijn zusje zou moeten geven om haar te redden.

In de hedendaagse wereld is de onschuldige houding waarmee deze kleine jongen bereid was om zijn leven te geven voor

zijn zusje, erg uitzonderlijk. Hoewel veel mensen goede werken verrichten, kom je zelden iemand tegen die liefdadigheid met een zuiver hart bedrijft.

Als kind zag Amma eens dat haar broer kleren aan een arme man gaf. In plaats van de man de kleren te overhandigen, gooide hij ze hem toe. Als haar familie voedsel aanbood aan de zeer armen (die in die dagen als onaanraakbaar beschouwd werden), zetten ze het gewoon neer en vertrokken dan weer. Amma's familie wist dat men voor de armen moest zorgen om de genade van God te ontvangen, maar ze begrepen het onderliggende principe niet. Ze waren in eerste instantie geschokt en ontsteld toen ze zagen dat Amma de armen in bad deed, te eten gaf en met haar eigen handen troostte. Geleidelijk hielp Amma hen om het principe achter deze dienende handelingen te begrijpen: dienstbaarheid aan de armen is dienstbaarheid aan God, omdat God in de arme mensen is. God is overal. Tegenwoordig zijn haar familieleden allemaal toegewijden en velen van hen doen onbaatzuchtige dienstverlening in de liefdadigheidsinstellingen van de ashram.

De *Taittiriya Upanishad* beschrijft de juiste houding waarmee een liefdadige handeling verricht moet worden om zoveel mogelijk verdienste en genade aan te trekken.

śraddhayā deyam, aśraddhayādeyam
śriyā deyam hriyā deyam
bhiyā deyam, saṁvidā deyam

Geschenken horen met vertrouwen en nooit zonder vertrouwen gegeven te worden.
Geschenken horen in overvloed gegeven te worden, met bescheidenheid en schroom.
Geschenken horen met begrip te gegeven worden.

(1.11.5)

Hier betekent geven met vertrouwen dat we vertrouwen hebben in de zaak die we steunen. We moeten niet geven vanuit een gevoel van verplichting, maar omdat we in ons hart geloven dat het juist is om te doen. Geven met bescheidenheid betekent dat we niet arrogant moeten zijn over onze mogelijkheid tot geven. We mogen nooit vergeten dat er anderen zijn die meer kunnen geven dan wij en dat in werkelijkheid alles aan God toebehoort. De gelegenheid om anderen dienstbaar te zijn is een kostbaar geschenk van God. Zelfs na alles wat Amma voor de wereld gedaan heeft zegt ze nederig: "Alleen God doet dit allemaal. Ik doe niets. Als God mij de kracht geeft, kan ik handelen."

Wat betekent het om met schroom te geven? We moeten altijd op onze hoede zijn voor het ego. We hebben de neiging om trots op onszelf te zijn als we een goede daad verrichten. Daarmee versterken we ons ego. Op deze manier maken juist de handelingen die bedoeld zijn om het ego te verzwakken en uit te schakelen, het ego groter en sterker.

Samvida deyam kan op een aantal manieren geïnterpreteerd worden. Het kan betekenen dat we door ons onderscheidingsvermogen te gebruiken ervoor zorgen dat ons geschenk naar iemand gaat die het verdient en die er een goed gebruik van maakt. Het kan ook betekenen dat we met jnana geven, ofwel het besef dat alle levende wezens in het universum verschillende vormen van dezelfde goddelijke essentie zijn en dat we God dienen als we iemand helpen.

Ons gebruikelijke idee over liefdadigheid en opoffering is helemaal verwrongen. We brengen onze zogenaamde offers met tegenzin en denken: "O nee, ik moet *weer* iets opgeven." Maar de oorsprong van het Engelse woord *sacrifice* is heel anders. Het stamt van het Latijnse woord *sacrificium* en heeft als betekenis 'heilig maken'. Dit is precies het idee achter opofferen; wat het ook is, het wordt heilig door het aan God te offeren. De resultaten komen als *prasad*[1] bij ons terug.

In de *Bhagavad Gita* (3.15) vertelt Sri Krishna aan Arjuna dat opoffering een integraal deel uitmaakt van het proces van creëren. Dit is omdat we altijd het ene voor het andere opofferen. Het is alleen maar de vraag of we het hogere voor het lagere opofferen of het lagere voor het hogere. Iedere dag gedragen we ons als de hogepriester die toeziet op de tempel van ons leven en iedere gedachte, woord en handeling offert op het altaar van een of ander doel, laag of hoog. Amma zegt dat we ongelukkigerwijs te vaak het hogere voor het lagere opofferen. Op deze manier offeren we onze menselijke kwaliteiten, en daarmee onze kans om tot innerlijke vrede te komen, op omwille van tijdelijke aanwinsten en genoegens.

Er was eens een man die een sannyasi met gevouwen handen benaderde. "O Swamiji," begon hij. "Ik betuig u mijn respect, want u hebt zoveel opgeofferd."

De sannyasi antwoordde: "Eigenlijk moet ik voor jou buigen, want jouw offer is groter dan het mijne."

De man stond verbaasd. "Hoe kunt u dat nu zeggen, Swami? Ik woon met mijn gezin in een comfortabel huis en alles wat ik wens kan ik gemakkelijk krijgen."

"Het is waar dat ik afstand gedaan heb van de genoegens van de wereld. Dit heb ik echter gedaan om eeuwige vrede te verwerven, terwijl jij jouw geestelijke vrede bereidwillig hebt opgeofferd in ruil voor alle problemen en zorgen van het wereldse leven. Wiens offer is groter?"

Als we Amma zorgvuldig observeren en als voorbeeld nemen, kunnen we leren hoe we het lagere voor het hogere kunnen offeren in plaats van andersom.

---

[1] Iets wat gezegend is door of geofferd is aan de satgoeroe of God wordt prasad genoemd.

Een paar jaar geleden, tijdens een van Amma's programma's in Chennai, kwam er een melaatse voor Amma's darshan. Nadat ze hem had omhelsd, vroeg iemand aan Amma hoe ze een dergelijk risico kon nemen. Deze persoon bekende aan Amma: "Ik zou er niet eens aan durven denken om zoiets te doen."

Amma legde uit: "Iedere keer dat ik met zo'n situatie te maken krijg, vraag ik me af: 'Leef ik voor mezelf of leef ik voor de wereld? Als ik voor mezelf zou leven, zou ik dit niet doen. Maar ik leef voor de wereld, dus moet ik dit doen.'" (Uiteraard heeft Amma nooit zulke twijfels, maar ze stelt het op deze manier om ons een voorbeeld te geven, waaraan we ons kunnen relateren.) Dit laat de kracht zien van Amma's onverstoorbare vastbeslotenheid om de behoeften van anderen voor haar eigen behoeften te laten gaan.

Ik herinner me een ander gesprek dat enige jaren geleden plaatsvond in Amma's ashram in India. Swami Jnanamritananda Puri kreeg eerst de leiding over de drukkerij, daarna ook de zorg voor het maandelijkse spirituele tijdschrift. Bovendien vroeg Amma hem om enige tijd de zorg voor de scholen en ook nog voor enkele nieuwere liefdadigheidsprojecten op zich te nemen. Zijn werkbelasting bleef maar toenemen en dat is tot op de dag van vandaag nog steeds zo.

Hoewel hij de werkbelasting niet erg vond, betekende het in het oog houden van de dagelijkse gang van zaken bij de verschillende projecten dat zijn aandacht een groot deel van de dag naar buiten gericht was, terwijl hij sterk de neiging voelde om zijn aandacht helemaal van de wereld terug te trekken. Toen hij de gelegenheid had om met Amma te spreken zei hij dit tegen haar. "Ik wil alles een tijdje laten vallen, naar een afgelegen plek gaan en mezelf in meditatie verdiepen."

Toen Amma dit hoorde, lichtte haar gezicht op en zei ze: "Weet je, ik voel dat soms ook! Maar lang geleden heb ik dit leven aangeboden om de wereld ten dienste te zijn en daarom doen mijn individuele behoeften er niet meer toe. Er is geen 'ik' meer om het werk te laten vallen of een 'mijzelf' om op een afgelegen plaats te zitten. Alles is ten bate van de wereld."

Amma vereenzelvigde zich vol medeleven met de gevoelens van de swami, maar ze liet hem ook zien hoe hij die verder kon overschrijden. Door Amma's woorden voelde hij een hernieuwd enthousiasme om met een houding van zelfovergave zijn plichten te vervullen.

Amma heeft veel waardering voor de opofferingen die haar kinderen zich omwille van de wereld getroosten. "We zouden over iedereen een boek moeten schrijven," gaf zij eens als commentaar. "Ook zou iemand een documentaire moeten maken over Amma's leerlingen en toegewijden in India en het buitenland die onvermoeibaar aan het werk zijn om anderen te helpen. Zo'n documentaire zou toekomstige generaties inspireren."

Amma zegt: "Laten we zijn als kaarsen die zelfs terwijl ze wegsmelten en opbranden, de wereld verlichten." Als de waskaars brandt, smelt hij niet tot niets, maar wordt tot brandstof voor de vlam. Zonder de vloeibare was zou de vlam niet bestaan; de was komt in een subtielere toestand en wordt een deel van de vlam. Zoals de functie van de kaars is om op te gaan in de vlam, is het hoogtepunt van het functioneren van de geest om in God op te gaan.

Amma zegt: "Echte spirituele zoekers willen anderen door opoffering dienen. Het is hun doel om een geest te hebben die aan anderen vreugde geeft en zijn eigen strijd vergeet. Daarvoor bidden zij. Amma wacht op zulke mensen. Bevrijding is op zoek naar hen en zal hen als een dienstmeisje bedienen."

Als we willen weten wat opoffering werkelijk betekent, hoeven we niet verder te kijken dan naar Amma. Amma is op het gebied van opoffering en dienstbaarheid als de poolster die ons zowel de richting als het doel wijst. Wat betreft haar toewijding heeft

Amma een record gevestigd dat niemand kan breken. Amma werkt vierentwintig uur per dag. Tenzij iemand een langere dag uitvindt, kan niemand meer doen dan wat Amma doet om de wereld te helpen. En hoewel we nooit het voorbeeld van Amma kunnen evenaren, kunnen we het ons wel altijd als een leidraad voor ogen houden.

Eens liep een brahmachari om ongeveer halfvier in de ochtend langs Amma's kamer en zag een klein lichtje gloeien in een hoek van de kamer. Toen hij hier de volgende dag naar vroeg, bekende Amma's bediende dat Amma de hele nacht wakker geweest was en brieven van haar toegewijden uit de gehele wereld gelezen had. Omdat de swami's hun bezorgdheid geuit hadden dat Amma zo laat op bleef en geen rust kreeg, had Amma een zaklantaarn gebruikt om de brieven te lezen zodat wij haar licht niet zouden zien branden en niet zouden merken dat ze nog wakker was.

Amma laat het geluk van haar toegewijden altijd voorgaan, zelfs als dat ten koste van haar eigen gezondheid en comfort gaat.

Tijdens een tournee door India stond op een keer op het programma dat Amma na de darshan het huis van een toegewijde zou bezoeken. Omdat de menigte die voor darshan was gekomen groter was dan verwacht, kwam Amma enkele uren te laat en moesten de gastheren lang wachten. Ze hadden met veel liefde een speciale maaltijd voor Amma klaargemaakt. Vol ongeduld wachtten ze op haar zodat ze de gerechten kon proeven. Eindelijk arriveerde Amma en na een korte *puja* (rituele aanbidding) ging ze naar de eetkamer om prasad uit te delen. Amma's maaltijd was in een speciale schaal apart gezet. Toen een brahmachari de schaal voor Amma opende, zag hij echter meteen dat het voedsel bedorven was. Hij fluisterde tegen Amma: "Amma, dit voedsel is bedorven. Eet er niet van!"

Amma gebaarde tegen hem dat hij stil moest zijn en begon met veel smaak te eten. Ze wist heel goed dat de maaltijd bedorven was en dat ze daarvan ziek kon worden. Na enkele happen deed ze de deksel weer op de schaal en zei: "Amma vindt dit heerlijk smaken. Daarom zal ze het meenemen en de rest later opeten." Toen deelde ze het voedsel dat voor de swami's was klaargemaakt en niet bedorven was, als prasad uit aan de toegewijden. Later in de auto merkte ze op: "Het is waar dat het voedsel bedorven was, maar als de gastvrouwen dit hadden gemerkt, zouden ze vreselijk verdrietig geworden zijn. Amma heeft het meegenomen zodat anderen er niet meer van kunnen eten en ziek worden."

In mei 2006 ontving Amma de James Parks Morton Interfaith Award in het Interfaith Center te New York. Als onderdeel van de ceremonie van de prijsuitreiking hield Amma een toespraak over interreligieus begrip en samenwerking.

Voordat Amma uit de ashram in India vertrok om de conferentie bij te wonen, hield ze een vraag- en antwoordgesprek met de ashrambewoners. Amma biedt hun regelmatig zulke gelegenheden om hun twijfels te weg te nemen en om haar leiding te ontvangen. Op die bepaalde dag hadden de ashrambewoners maar één vraag. Ze wilden dat Amma sprak over de prijs die ze in New York zou ontvangen. Amma's antwoord hierop vertelt ons veel over haar kijk op het leven. Ze zei: "Amma heeft nog helemaal niet aan de prijs gedacht; Amma gaat niet naar New York om een onderscheiding te ontvangen maar omdat het Interfaith Center haar gevraagd heeft om een toespraak te houden." Amma vervolgde: "De grootste prijs die Amma kan krijgen is het geluk van haar kinderen; Amma wil geen andere beloning."

De meeste ashrambewoners hadden hun gehele aandacht gericht op de prijs die Amma in New York zou ontvangen. Amma was echter helemaal gericht op wat ze zou gaan geven.

Dit verlangen om te geven is de focus van Amma's hele leven. Amma zegt: "De meeste mensen zijn slechts bezig met wat ze uit de wereld kunnen krijgen, maar dat wat we kunnen geven bepaalt de kwaliteit van ons leven." ❖

Hoofdstuk 12

Van boosheid tot mededogen

Voor iedere minuut dat je kwaad blijft,
geef je zestig seconden innerlijke rust op.

– Ralph Waldo Emerson

Zoals ieder jaar hield Amma in februari en maart 2006 een tournee door India van het zuiden naar de meest noordelijke staten, waarbij ze in zeventien steden programma's gaf. Vanzelfsprekend zou iemand anders in de positie van Amma een vliegtuig genomen hebben om van de ene plaats naar de andere te gaan en de extra tijd gebruikt hebben om wat rust in te halen. In de loop der jaren zijn de menigten veel groter geworden. Soms zijn er honderdduizenden mensen, waardoor er weinig reistijd overblijft. Maar toch wilde Amma dit jaar per se zoals in voorgaande jaren rijden, enkel om een beetje van haar tijd te kunnen geven aan de ashrambewoners en de toegewijden die haar op de tournee vergezelden. Sommige van deze zware ritten duurden vierentwintig uur of langer; op sommige stukken waren de wegen zo slecht dat het leek alsof we te voet sneller geweest zouden zijn.

Bij het begin van een rit die bijzonder lang en zwaar beloofde te worden, kondigde Amma aan dat ze een bezoek wilde brengen aan het huis van een toegewijde, wat meer dan een uur omrijden betekende. Omdat ze wisten dat Amma al meer dan vierentwintig uur niet gerust laat staan geslapen had, probeerden enkele brahmachari's Amma te overreden om dit bezoek niet af te leggen. Toen ze merkten dat Amma niet van gedachten zou veranderen, werden sommigen van hen erg boos op de man die Amma had uitgenodigd om naar zijn huis te komen. Ze vonden dat hij erg zelfzuchtig was en er geen rekening mee hield of Amma wel enige rust kreeg.

Toen Amma in het huis aangekomen was, nam ze plaats voor het familiealtaar. Ze voerde een puja uit en zong daarna een bhajan. Hoe langer het duurde, hoe bozer de brahmachari's op de gastheer werden. Toen Amma de ceremonie beëindigd had, ging ze een slaapkamer in om privé met de man en zijn vrouw te spreken. Een paar brahmachari's volgden haar. Eenmaal in de kamer verdween hun boosheid onmiddellijk.

Op het bed lag een jongen van een jaar of tien. Zijn lichaam was vreselijk mismaakt. Zijn hoofd was misvormd en reusachtig groot in verhouding tot zijn lichaam. Zijn armen en benen waren enkel vel over been, zonder enig vet- en spierweefsel. Zijn handen waren naar binnen verkrampt zodat hij er niets mee kon doen. Zijn ronddwalende ogen konden maar tot een klein spleetje open, maar zonder controle over zijn hoofd, nek of de richting van zijn blik zou dit hem toch niet veel goed gedaan hebben. Alles in zijn bestaan zag eruit als een kwelling. Zijn moeder knielde naast hem neer en wiegde hem in haar armen. Daarop begon de jongen te schreeuwen. Het was voor hem niet mogelijk om zijn hoofd op eigen kracht op te tillen en zelfs met hulp was dit duidelijk een marteling. Het was duidelijk dat de ouders van de jongen hem niet uit het huis konden brengen, zelfs niet om Amma's darshan te ontvangen.

Er was geen enkel oog droog in de kamer. De moeder, de vader, zelfs de brahmachari's die nog maar enkele momenten daarvoor zo boos waren, konden hun tranen niet bedwingen toen Amma het kind omhelsde, zijn borst streelde en zijn voorhoofd kuste. De ondraaglijke pijn in het bestaan van het kind werd weerspiegeld door de diepe bezorgdheid en door het medeleven in de ogen van Amma.

Terwijl de tranen over zijn wangen stroomden, bekende de vader van de jongen: "De afgelopen drie jaar heb ik gebeden dat Amma zou komen en mijn kind zou zegenen."

Amma zegt vaak: "We voelen alleen liefde en medeleven voor mensen als we ons in hun situatie verplaatsen en hun problemen en situatie proberen te begrijpen. Boosheid verandert in mededogen als we een situatie op de juiste wijze begrijpen." Een satgoeroe onderwijst zijn leerlingen niet alleen met woorden, maar creëert situaties waardoor zijn leerlingen in hun hart de waarheid van de woorden van de meester gaan begrijpen. Zulke ervaringen worden nooit vergeten.

Amma zegt dat als we iemand een fout zien maken, we niet moeten oordelen of bestraffend optreden. In plaats daarvan kunnen we proberen om de situatie vanuit hun perspectief te bekijken en proberen te begrijpen wat die ander motiveerde om zo te handelen. Amma vertelt het volgende verhaal.

Een vrouw ging op zekere dag met haar twee kinderen naar het park. Ze liet de twee kinderen spelen terwijl zij in haar eentje op een bank zat. De kinderen waren verrukt en begonnen rond te rennen en een heleboel lawaai te maken. Een man die ook in het park was, ergerde zich aan hun gedrag. Hij beklaagde zich bij de moeder van de kinderen: "Mevrouw, uw kinderen, storen degenen die willen genieten van wat rust en vrede. Waarom zorgt u er niet voor dat uw kinderen zich gedragen?"

De vrouw gaf geen antwoord op deze tirade. Ze bleef stil zitten en hield haar handen voor haar gezicht. De man was verbaasd en vroeg haar of ze zich wel goed voelde. Uiteindelijk keek ze op en hij zag dat de tranen langs haar wangen stroomden. "Zojuist is mijn man, de vader van mijn kinderen, op zijn reis in het buitenland bij een ongeluk overleden. Ik heb geen idee hoe ik dit nieuws aan mijn kinderen moet vertellen of hoe ik ze kan troosten. Ik ben hier alleen naar toe gekomen om mezelf weer onder controle te krijgen en te bedenken hoe ik hun kan uitleggen wat er is gebeurd." Toen de man dit hoorde, schaamde hij zich over zijn onbezonnen woorden en verontschuldigde hij zich voor zijn gebrek aan begrip. Vol medeleven deed hij alles om vriendelijk en behulpzaam te zijn voor de weduwe en haar kinderen. Om haar meer tijd te gunnen om haar krachten te verzamelen nam hij zelfs de kinderen mee om een ijsje te gaan eten. Daarna bracht hij de vrouw en haar kinderen naar huis.

Boosheid is geen actie, maar een reactie. Het is niet zo moeilijk om geen *actie* te ondernemen, maar het is veel moeilijker om reacties te beheersen. Dit vereist een hoog niveau van bewustzijn. Stel je bijvoorbeeld voor dat je aan de andere kant van de kamer staat en dat ik je vraag om dichterbij te komen. Je kunt komen, je kunt niet komen of je kunt zelfs weg lopen. Als we zo naar iedere handeling kijken, hebben we drie keuzes: de handeling uitvoeren, de handeling niet uitvoeren of het tegenovergestelde doen. Dit geldt niet voor reacties. Zonder een hoog niveau van bewustzijn hebben we in het geheel geen keuze over de manier waarop we op een bepaalde situatie reageren. Als ik je bijvoorbeeld beleefd vraag om boos op mij te worden, zul je dit niet kunnen. Aan de andere kant zal het in de meeste gevallen onmogelijk voor je zijn om *niet* boos op mij te worden als ik tegen je schreeuw of je beschuldig van iets wat je niet gedaan hebt. Dit komt omdat boos worden geen handeling is die we naar believen kunnen uitvoeren, maar een reactie. Het gebeurt bijna automatisch. Er is maar een kleine mogelijkheid om dit te voorkomen en spirituele oefeningen helpen ons om deze mogelijkheid te vergroten. Door spirituele oefeningen wordt ons concentratievermogen groter. Dit vergroot op zijn beurt ons bewustzijn van wat er in onszelf en in de wereld om ons heen gebeurt. Een goed getrainde gevechtskunstenaar kan zijn vijanden gemakkelijk verslaan omdat ze vanuit zijn perspectief van verhoogd bewustzijn allemaal in slow motion lijken te bewegen. Op dezelfde manier merken wij, wanneer we langere tijd regelmatig aan meditatie en andere spirituele oefeningen gedaan hebben, dat we bij het allereerste teken van in ons opkomende negativiteit ons hiervan bewust worden. We kunnen dan ons onderscheidingsvermogen gebruiken om te vermijden dat we vanuit deze negatieve gevoelens spreken of handelen.

Enige jaren geleden stond ik naast Amma toen een oudere vrouw voor haar darshan kwam. Amma gaf die dag erg snel darshan omdat er een grote menigte was. Na haar darshan kon de oudere vrouw moeilijk overeind komen om ruimte te maken voor de volgende persoon die voor darshan kwam. Omdat ik niet wilde dat Amma moest wachten, probeerde ik de vrouw omhoog te helpen en van Amma weg te gaan. In mijn ongeduld was ik wat ruw met haar. Amma hield op met wat ze aan het doen was, keek naar mij op en vroeg: "Zou je zo ook gehandeld hebben als deze vrouw je eigen grootmoeder geweest was?" Als antwoord kon ik alleen schaamtevol het hoofd laten hangen.

Amma zegt dat als we boos zijn op iemand, we ons moeten herinneren dat het Zelf in ons hetzelfde is als het Zelf in de ander. En als dit zo is, wie is er dan om boos te worden op wie?

In de *Isavasya Upanishad* staat:

yastu sarvāni bhutānyātmanyeva anupaśyati
sarvabhutesu cātmanam tato na vijugupsate

Hij die alle levende wezens in zichzelf ziet
en zichzelf in alle levende wezens,
voelt dankzij deze realisatie geen haat.

yasmin sarvani bhutanyātmaivābhudvijānatah
tatra ko mohah kah śoka ekatvamanupaśyatah

Hij die weet dat alle levende wezens één zijn met zijn eigen Zelf, en die de eenheid van het bestaan gezien heeft, wat voor verdriet en wat voor ontgoocheling kunnen hem treffen?

(6,7)

Tijdens een tournee door India bezocht Amma een bepaalde stad voor de eerste keer. Het was niet de eerste keer dat meer dan honderdduizend mensen naar Amma's programma kwamen, maar het was wel de eerste keer dat ze allemaal op exact hetzelfde moment voor darshan probeerden te komen.

Tijdens het hele darshanprogramma moesten de brahmachari's, de brahmacharini's en de toegewijden die met Amma meereisden de grenzen van het podium bewaken om een stormloop te voorkomen. De situatie was zelfs zo erg dat Amma's satsang en bhajans een half uur werden vertraagd omdat niemand van het podium af wilde gaan. Op een bepaald moment tijdens de darshan stond Amma zelf op en sprak in de microfoon. Ze zei tegen de mensen dat ze zich niet ongerust hoefden te maken, dat ze iedereen darshan zou geven, maar dat ze wel geduld moesten hebben en niet duwen. Later gaf Amma als commentaar dat iets dergelijks in vijfendertig jaar van darshan geven nog nooit gebeurd was.

Onderweg naar het volgende programma ontstond er een discussie over de darshan van de vorige dag. Een vrouw legde uit dat ze op een bepaald moment een man moest tegenhouden om het podium op te lopen door hem bij de kraag van zijn overhemd te grijpen. Maar plotseling had ze alleen het overhemd in haar handen, zonder de man!

De situatie was zo wild dat veel mensen tegen Amma zeiden dat ze nooit meer naar die stad moest gaan. Een brahmachari zei tegen Amma dat hij een suggestie had voor de spirituele ontwikkeling van de mensen uit die stad. "Amma, volgens mij is het ideale pad voor deze mensen het pad van devotie," zei hij. "Net als de *gopi's* (koeienhoedsters) uit Vrindavan zouden ze hun hele leven moeten hunkeren naar de terugkeer van de Heer, maar ze komt nooit terug."

Amma lachte, maar gaf te kennen dat ze er anders over dacht. "Ze waren toegewijd, maar hadden geen kennis," legde Amma uit. "Waar duisternis heerst, is meer licht nodig. We zouden er vaker heen moeten gaan!"

Terwijl de volgelingen die met Amma meereisden veel kritiek hadden op het gedrag van de toegewijden uit die stad, was Amma in staat om zich in hen te verplaatsen en om hun houding te begrijpen.

Amma zegt altijd dat boosheid een handicap is. Net zoals een lichamelijk gehandicapte niet in staat is om zich zonder problemen te bewegen, zijn opvliegende mensen niet in staat om vrijelijk met anderen te communiceren. Hun kwaadheid zal altijd opvlammen en hun relaties bederven. Soms komen we ernstig lichamelijk gehandicapten tegen die chronisch boos zijn. Ze kunnen niemand in het bijzonder de schuld van hun lijden geven, dus worden ze boos op God. In sommige gevallen is deze kwaadheid zo allesoverheersend dat ze niet eens meer in staat zijn tot de dingen die ze ondanks hun handicap hadden gekund. En zo zijn ze dubbel gehandicapt. Eerst door hun lichamelijk onvermogen en dan ook nog door boosheid.

In de ashram woont momenteel een jongen die slechthorend geboren is. Daarbij heeft hij een aangeboren hartafwijking die het voor hem moeilijk maakte om naar school te gaan. Hij presteerde erg slecht tijdens zijn hele opleiding, hoewel hij het noodzakelijke thuisonderwijs en speciale hulp kreeg, waarmee hij zijn opleiding met goed gevolg af had kunnen maken. Zijn familie en zijn onderwijzers namen aan dat hij niet erg intelligent was. In feite zat hij vol wrok omdat hij met handicaps geboren was en was hij er niet in geïnteresseerd om zich voor een goed resultaat in te zetten. Toen hij elf jaar oud was, ontmoette zijn familie Amma en besloten zijn ouders om naar de ashram te verhuizen. Daar betoonde Amma hem veel liefde, ze bemoedigde hem en deed zijn vertrouwen in God weer ontbranden. Hij zag hoeveel Amma voor hem deed en hoe hard ze werkte om anderen gelukkig te maken. Uiteindelijk benaderde hij haar met de vraag of hij ook seva kon doen in de ashram. Amma vroeg hem om de brahmachari te helpen die de leiding had over het kantoor met de fax en het kopieerapparaat van de ashram. Omdat hij deze verantwoordelijkheid van Amma zelf gekregen had, nam hij het erg serieus. Hij zette zich er met hart en ziel voor in om alles te leren over de machines en de software die daarbij nodig was. Nu weet hij zelfs meer over het werk dan de brahmachari die de leiding over het kantoor heeft. De brahmachari laat de meest ingewikkelde klussen over aan deze zeer getalenteerde jongeman. Bij dit werk heeft hij contact met veel buitenlandse bezoekers van de ashram. Hij heeft zelfs voldoende kennis van het Engels verworven om er praktisch mee te kunnen werken.

Amma vertelt het volgende verhaal.

Er was eens een klein meisje met verlamde benen. Ze zou haar hele even in een rolstoel moeten doorbrengen. Dit kleine meisje keek vaak naar de andere kinderen die iedere dag op het speelterreintje bij haar huis aan het spelen waren. Omdat ze niet met hen kon spelen, was ze altijd verdrietig over haar benarde toestand.

Op een dag, toen het meisje weer uit het raam keek, begon het te regenen terwijl de zon scheen. Er verscheen een prachtige regenboog en het kleine meisje was dolgelukkig toen ze hem zag. Ze vergat zelfs haar pijn en haar verdriet. Maar na enkele ogenblikken verdween de regenboog. Het verdriet van het meisje kwam terug. Ze hoopte dat de regenboog weer gauw zou verschijnen.

Iedere dag keek ze vol verwachting naar de lucht, maar de regenboog verscheen nooit. Tenslotte vroeg het meisje aan haar moeder: "Mam, wanneer zal ik de regenboog weer kunnen zien?"

De moeder troostte haar dochter en zei tegen haar: "Mijn kind, de regenboog zal weer verschijnen als het regent terwijl tegelijk de zon schijnt." Het meisje bleef vol verwachting uitkijken.

Daardoor vergat ze veel van haar pijn en lijden. Hoewel ze nog steeds de kinderen op de speelplaats zag spelen, was ze niet meer verdrietig over haar handicap. In plaats daarvan was ze vol hoop en verwachting dat de prachtige regenboog spoedig weer zou verschijnen.

Eindelijk was er een dag waarop het begon te regenen terwijl de zon bleef schijnen. De regenboog kwam weer tevoorschijn. Het kleine meisje was zo opgewonden. Ze wilde zo dicht mogelijk bij de regenboog komen en drong er bij haar moeder op aan om haar naar de regenboog te brengen. De moeder wist dat de regenboog erg snel zou verdwijnen. Toch wilde ze haar dochter niet teleurstellen. Dus reed ze met haar dochter door de straten. Tenslotte zei de moeder tegen haar dochter: "Laten we hier stoppen. Vanaf dit punt hebben we een mooi uitzicht."

In vervoering keek het meisje omhoog naar de regenboog. Met zachte en vriendelijke stem vroeg ze: "Regenboog, hoe ben jij ooit zo mooi geworden?"

De regenboog antwoordde: "Ik was gewoonlijk even verdrietig als jij. Ik kreeg hartzeer bij het zien van alle festiviteiten om mij heen, omdat ik wist dat ik maar zo'n korte tijd te leven had. Maar op een dag dacht ik bij mijzelf: 'Waarom zou ik ongelukkig zijn? Waarom zou ik verdrietig zijn? Hoewel ik maar voor een paar seconden verschijn, kan ik die korte tijd gebruiken om anderen gelukkig te maken. Ik kan maar beter mijn verdriet vergeten en anderen gelukkig maken.' Terwijl die gedachte bij me opkwam werd ik steeds mooier en mooier. Enkel de gedachte anderen gelukkig te maken maakte me zo kleurrijk."

Terwijl de regenboog nog tegen het meisje sprak, verdween hij langzaam. Toen hij helemaal verdwenen was, besloot het kleine meisje: "In plaats van medelijden met mezelf te hebben, zal ik ook zo goed mogelijk proberen om anderen gelukkig te maken, net als de regenboog."

We kunnen talloze redenen bedenken om ons bedroefd, van streek of depressief te voelen. In plaats van over onze eigen problemen te piekeren kunnen we ook denken aan wat we aan de wereld kunnen geven. Met de juiste houding en de genade van een ware meester zoals Amma kunnen we onze negatieve eigenschappen als boosheid, wrok en haat transformeren naar liefde en mededogen. ❖

Hoofdstuk 13

Het grootste wonder is een verandering in het hart

"God schept iets uit niets. Prachtig, zeg je. Jazeker, maar hij doet iets wat nog mooier is: hij maakt van zondaars heiligen."

— Søren Kierkegaard

Voordat we bij Amma kwamen wonen, waren er zoveel dingen die we nooit overwogen zouden hebben te doen. Over het algemeen zal de moeder in een traditioneel Indiaas huishouden haar zonen nooit toestaan om huishoudelijk werk te doen. We hadden ons nooit kunnen indenken dat we midden in de nacht met zandzakken zouden sjouwen, toiletten zouden schoonmaken die door honderden mensen gebruikt waren of dat we tot aan onze knieën en met blote voeten in een beerput zouden staan. Zelfs als iemand ons een fortuin had aangeboden, zouden we dit werk niet geaccepteerd hebben, voordat we bij Amma kwamen. En toch deden we deze dingen plotseling met een blij gemoed. In Amma's aanwezigheid vergaten we alles en konden we dat wat ons voorheen geleerd was, overstijgen.

Hoewel dat in het begin als moeilijk ervaren kan worden, doen veel toegewijden afstand van hun gehechtheid aan eten en andere gemakken om in Amma's aanwezigheid te kunnen leven. Dingen die hun grote problemen gegeven zouden hebben voordat ze naar Amma kwamen, beïnvloeden hen nu niet in het minst. Ik herinner me een voorval tijdens een tournee van

Amma door India dat deze verandering van opvatting op een dramatische manier laat zien. Onder de leden van de tourgroep waarde buikgriep rond. Het was gemakkelijk te genezen met een korte antibioticumkuur, maar zonder behandeling veroorzaakte het vreselijke diarree. Een man op de tournee ging niet met zijn symptomen naar de dokter omdat hij dacht dat zijn toestand zeker zou verbeteren. Bij de volgende busreis echter verloor hij de controle over zijn darmen toen hij uit wilde stappen voor een sanitaire stop. Onnodig te zeggen dat dit erg beschamend voor hem was, maar zijn medereizigers waren allemaal erg met hem begaan. Enkele mannen namen hem mee naar een beschutte plek waar hij zich kon wassen. De overige passagiers verlieten de bus. Men zou natuurlijk verwachten dat er een twistgesprek zou volgen over wie de troep moest schoonmaken. De buschauffeur? Hij zou zeker nog liever zijn baan opgeven dan dat hij een zo'n afgrijselijke klus zou doen. Dus wie zou het worden? Zouden ze een muntje opgooien, strootjes trekken of een schoonmaakbedrijf bellen?

Er ontstond inderdaad een discussie, maar met een bus die vol zat met kinderen van Amma, werd het een heel ander soort woordenwisseling. Iedereen bepleitte dat hij de enige was die de bus in moest gaan en die schoonmaken. Ze klommen over elkaar heen in hun gretigheid om elkaar erbij te helpen. Uiteindelijk werd het een groepsgebeuren. Bijna iedereen deed mee, haalde emmers water bij een bron in de buurt, sprenkelde zeep, veegde, poetste en droogde de vloer van de bus. Toen het klaar was, was de bus schoner dan in het begin, evenals het hart en de geest van iedere passagier.

Natuurlijk vindt een dergelijke transformatie in de meeste gevallen niet van de ene op de andere dag plaats. Amma zegt dat als iemand als brahmachari of als brahmacharini in de ashram komt wonen, hij vaak verwacht dat hij een seva toegewezen krijgt die hem bevalt. Amma vertelt het volgende verhaal om dit te illustreren.

Een man benaderde een goeroe met gevouwen handen. De man verklaarde dat hij genoeg had van alles wat de wereld te bieden had en dat hij voor de rest van zijn leven de goeroe wilde dienen.

"Is dat zo?" antwoordde de goeroe. "Hoe zou je me willen dienen?"

"Als u mij toestaat," sprak de man op eerbiedige toon, "zou ik u graag als adviseur willen dienen."

Ook al zijn mensen hoog opgeleid of hebben ze als manager met veel mensen onder zich gewerkt, toch kan Amma hen in het begin vragen om in de koeienstal te werken, mest te ruimen en de koeien te wassen en te voeren. Amma zegt dat de seva die de goeroe toewijst, alleen bedoeld is om iemand te helpen zijn voorkeur en afkeer te transcenderen. Met dat doel zal de goeroe iemand juist een taak geven waarvan hij weet dat hij die uit zichzelf niet gekozen zou hebben.

In mijn eerste jaren als brahmachari vroeg Amma mij om mijn baan als bankemployé te houden, hoewel ik al in de ashram woonde. Toen Amma me eindelijk toestemming gaf om deze baan op te geven, was ik gelukkig en opgelucht, omdat ik dacht dat ik nu meer spirituele oefeningen zou kunnen doen zoals de andere brahmachari's in de ashram. In die tijd doneerde iemand een bestelauto aan de ashram. Amma koos mij als chauffeur, omdat ik in die tijd de enige ashrambewoner met een geldig rijbewijs was. Ik was blij om Amma en de brahmachari's ergens heen te rijden als ze een programma gingen geven. Tegelijkertijd echter droeg Amma mij op om voedsel en andere voorzieningen voor de ashram in te kopen. Dit betekende dat ik bijna iedere dag achter het stuur zat. Vervlogen waren mijn dromen over de vele uren die ik ondergedompeld in spirituele oefeningen zou doorbrengen. Natuurlijk nam ik deel aan de meeste regelmatig gehouden spirituele activiteiten die een deel waren van de routine in de ashram, zoals reciteren, mediteren, bestuderen van de geschriften en het zingen van devotionele liederen. Ik verlangde er echter naar om meer te doen dan het aantal uren dat voor deze oefeningen voorgeschreven was. Maar onder het autorijden kon ik natuurlijk niets doen behalve het herhalen van de mantra die Amma mij gegeven had.

Een paar jaar later haalden enkele andere brahmachari's hun rijbewijs. Mijn dagen van autorijden waren voorbij en opnieuw verheugde ik me op de gelegenheid om me wat meer terug te trekken. Tegen die tijd was Amma al met haar wereldtournees begonnen en toegewijden uit vele landen begonnen de ashram te bezoeken. In die periode vroeg Amma mij om de internationale bezoekers welkom te heten en me onder hen te begeven. Ze vroeg me om iedere dag minstens vijf uur met mensen te praten en hen te helpen. Ik zei haar: "Amma, nu ik niet meer zo vaak hoef te rijden, was ik van plan om meer tijd te besteden aan meditatie en andere spirituele oefeningen. Nu vraagt u me om vijf uur per dag met mensen te praten. Hoe moet het nu met mijn *sadhana* (spirituele beoefening)?"

"Dat is jouw sadhana," antwoordde Amma.

Hoewel ik aanvankelijk aarzelde, merkte ik dat de toegewijden hoofdzakelijk over één ding wilden praten, en dat was Amma. Dit hielp me om mijn aandacht de hele dag op Amma gericht te houden. Misschien heb je wel eens gehoord van loopmeditatie. Wat Amma mij opgedragen had was beslist een nieuwe vorm van sadhana, namelijk 'praatmeditatie'.

Zo wordt alles wat de goeroe ons vraagt te doen onze sadhana. Eenvoudig de instructies van de goeroe oprecht en toegewijd opvolgen is net zo weldadig als andere spirituele oefeningen.

Tot enige jaren geleden verrichtte ik gewoonlijk de *arati*[1] voor Amma bij het begin van Devi Bhava op buitenlandse tournees. Op een dag zei Amma dat sommige mensen geïrriteerd waren omdat altijd een swami de arati deed en nooit een swamini of brahmacharini. Om rekening te houden met hun standpunt zei Amma dat vanaf die dag Swamini Krishnamrita Prana de arati bij het begin van iedere Devi Bhava zou verrichten.

Ik was een beetje teleurgesteld dat ik deze taak te verloor, omdat ik echt genoot van het doen van de arati voor Amma. Natuurlijk accepteerde ik Amma's instructies met een positieve instelling, omdat ik wist dat het ons altijd goed doet om de instructies van een ware meester op te volgen, of we ze leuk vinden of niet.

Amma zegt dat als we met een geïnfecteerde wond naar de dokter gaan, hij de pus eruit zal moeten halen. We zullen wat pijn voelen, maar het is voor ons eigen bestwil. Zelfs als we het uitschreeuwen, zal een goede arts doorgaan met het schoonmaken van de wond, omdat hij weet dat de wond erger zal worden en er een ernstig probleem zal ontstaan, als hij er niets aan doet.

Wij lijden allemaal aan de ziekte van samsara; daarom zijn we op de eerste plaats bij Amma gekomen. Als wij bij Amma komen met de intentie om ons Ware Zelf te realiseren, wordt het de plicht van Amma om de negativiteit in ons te verwijderen. Uiteraard is dit proces pijnlijk; soms zegt Amma iets wat ons ego kwetst of vraagt ons om precies het tegenovergestelde te doen van wat we willen doen. We moeten ons echter niet tegen zulke situaties verzetten; we moeten Amma's behandeling accepteren in

---

[1] Traditioneel wordt de arati uitgevoerd aan het einde van een vererings-ritueel. Arati is het op en neer bewegen van brandende kamfer voor het voorwerp van verering. Dit symboliseert overgave. Zoals de kamfer in het ritueel opbrandt zonder een spoor na te laten, zo lost ook het ego volledig op in het proces van overgave aan de goeroe of God.

de wetenschap dat dit goed voor ons is. Op het werk maken we regelmatig zulke situaties mee, terwijl onze baas geen spirituele persoon is en ons zeker niet met goddelijke genade zal overspoelen. Waarom kunnen we dit proces dan niet blijmoedig ondergaan als het van de hand van Amma komt? De ware meester zal ons nooit vragen iets te doen wat strijdig is met dharma en de beloning zal groter zijn dan wat we op kantoor krijgen. Amma's enige doel is om de goddelijkheid in ons naar buiten te brengen.

Wat betreft de beste manier om de discipline van de meester te aanvaarden vertelt Amma een verhaal over Sri Rama en zijn beminde leerling Hanuman.

De wijze Vishvamitra droeg Sri Rama op om een koning te doden die de wijze per ongeluk beledigd had. De koning was een rechtvaardig man en Sri Rama was niet gelukkig met de opdracht, maar Vishvamitra was zijn goeroe en hij kon niet ongehoorzaam aan hem zijn.

Dus ging hij op weg om aan het verzoek van Vishvamitra te voldoen. Toen de bedreigde koning het nieuws hoorde, rende hij naar Anjana Devi, de moeder van Hanuman. Hij vroeg haar om bescherming. Nog voordat ze hem gevraagd had wat het gevaar was, beloofde ze het hem. Ze zei: "Geen zorgen, mijn Heer, mijn zoon Hanuman zal u tegen alle gevaar beschermen."

Toen de koning echter bekende dat het Rama was die hem wilde doden, begon Anjana Devi zich te bedenken. Ze kon de gedachte dat haar zoon zou strijden met de Heer niet verdragen. Maar Hanuman stond niet toe dat ze terugkwam op haar woord. Hij zei tegen zijn moeder, "Het is onze plicht om allen die hun toevlucht bij ons zoeken, te beschermen. Ik zal niet toestaan dat de koning enig leed berokkend wordt. We moeten het opnemen tegen iedereen die zijn vijand blijkt te zijn."

En zo sprak Hanuman Sri Rama aan, die op zoek was naar de koning. Hij viel neer aan de voeten van Rama en huilde: "Mijn

Heer, wees alstublieft vriendelijk tegen de koning! Dood hem niet. Hij is onschuldig. Laat hem vrijuit gaan."

Maar Rama was niet bereid om de koning te vergeven. "Ik moet hem doden. Dat is de belofte die ik heb gedaan en die kan ik niet verbreken."

"Ik begrijp uw toewijding en loyaliteit aan uw goeroe," zei Hanuman. "Maar mijn moeder heeft de koning beloofd dat ze hem zal beschermen. Het is mijn plicht om die belofte te houden. Dus als u de koning wilt doden, moet u mij eerst doden. Zolang er nog een vonkje leven in mijn lichaam is, zal ik niet toestaan dat de koning gedood wordt."

Sri Rama spande zijn boog en bereidde zich erop voor om Hanuman met pijlen te doorboren. Hanuman nam echter geen wapen en zelfs geen schild op. In plaats daarvan stond hij met de handen gevouwen en ging hij zoals altijd door met het zingen van Rama's naam. Maar de Heer, die door zijn woord gebonden was, begon het ene salvo pijlen na het andere op zijn toegewijde af te schieten.

Hoewel Sri Rama zijn doel nog nooit gemist had, raakte geen enkele pijl Hanuman. Steeds als de pijlen hem bijna raakten, veranderden ze in prachtige bloemen. Door Hanumans onwankelbare toewijding aan de Heer, werd zelfs de toorn van de Heer getransformeerd tot een zegen. Tenslotte moest Sri Rama zijn nederlaag toegeven. Hij was niet overwonnen door verzet, maar door liefde en acceptatie.

Op dezelfde manier zegt Amma dat onze liefde voor en overgave aan onze goeroe zo groot moeten zijn dat we ook de discipline van de goeroe als een grote zegen kunnen accepteren.

Het begin van Devi Bhava is niet de enige keer dat de arati voor Amma gedaan wordt. Het wordt ook 's avonds na de bhajans gedaan en tijdens de *pada puja* (het rituele wassen van de voeten van de goeroe) die uitgevoerd wordt als Amma de hal voor het programma binnenkomt. Bij deze gelegenheden wordt de arati iedere keer door een andere toegewijde of groep toegewijden gedaan. Gedurende de pada puja staan de swami's achter Amma en reciteren Vedische mantra's terwijl de toegewijden Amma's voeten ceremonieel wassen en arati verrichten. Enkele dagen nadat Amma mij gevraagd had om de arati voor Devi Bhava niet meer te doen, liep ik achter haar toen ze een zaal inliep om de ochtenddarshan te gaan doen. De toegewijde die voor de eerste keer de arati voor Amma zou doen, werd plotseling door angst overvallen. Zijn handen begonnen heftig te trillen en hij morste de brandende kamfer op de grond. In de haast om de vlam te doven leek het erop dat niemand de arati zou doen. Om een breuk in de traditie te voorkomen sprong ik naar voren en nam de schaal voor de arati van de toegewijde over. Deze zag eruit alsof hij liever ergens anders op de wereld zou zijn. Terwijl de andere swami's het reciteren beëindigden, verrichtte ik de arati voor Amma. Een soortgelijk voorval deed zich nog twee keer tijdens die tournee voor, wat de laatste sporen van verdriet over de kwestie met de arati bij mij wegnam. Zelfs als Amma ons vraagt om iets te doen wat we niet willen doen, zal haar moederlijke liefde en goddelijke genade de klap voor ons verzachten.

Enige jaren geleden kwam een westerling als brahmachari in de ashram wonen. Om wat voor reden dan ook besloot hij om al zijn tijd bij de Indiase brahmachari's door te brengen en zoveel mogelijk de omgang met westerlingen te vermijden. Hij verbleef in een kamer met Indiase brahmachari's, at met de Indiase brahmachari's en deed ook zijn seva met Indiërs. Er gingen hele dagen voorbij dat hij niet eens met een westerling sprak, hoewel er enkele honderden in de ashram verbleven. Op een ochtend, toen hij opstond van zijn ontbijt met Indiaas voedsel temidden van zijn Indiase broeders, dacht hij met veel voldoening bij zichzelf: "Mijn leven is perfect! Ik kan al mijn tijd doorbrengen met oudere Indiase ashrambewoners. Ze hebben een hele goede invloed op mij en ik hoef nooit met de westerlingen om te gaan." Nog geen drie kwartier later kreeg de jongeman de boodschap dat Amma hem wilde spreken. Dit was de eerste keer dat ze dit deed en hij haastte zich vol verwachting naar haar toe. Toen hij voor haar neerknielde, vroeg ze hem heel lief: "Zou je in het internationale kantoor willen werken?" Dit is het ashramkantoor voor buitenlanders. Het zorgt voor accommodatie, administratie en het oplossen van problemen voor alle buitenlandse bezoekers van de ashram. Met die ene zin van Amma stond het 'perfecte leven' van de jongeman op zijn kop.

In de natuur zien we vaak dat moedervogels hun jongen uit het nest duwen om ze te leren vliegen. Op een vergelijkbare manier bezorgt de spirituele meester ons soms moeilijke ervaringen om ons te helpen onze kracht te ontwikkelen. Maar net zoals de moedervogel het jong pas uitstoot om op zichzelf te zijn, als ze er vertrouwen in heeft dat hij er klaar voor is, zal de spirituele meester ons niet in een situatie brengen die we niet aankunnen. Soms is worstelen met iets precies wat we in ons leven nodig hebben. Als we zonder hindernissen door ons leven zouden gaan, zouden we nooit zo sterk worden als we kunnen worden. Veel van onze talenten komen pas naar boven als er problemen zijn of als we ze nodig hebben. Als we nooit beproefd worden, verstikken de in ons verborgen talenten en capaciteiten.

Amma heeft talloze keren gezegd dat ze niets van ons ver- langt of nodig heeft. Haar enige wens is dat wij de beperkingen in onszelf overstijgen om tot echt geluk te komen. Misschien denken we soms dat wij Amma dienen, maar eigenlijk dient zij ons. Zij is al volledig en compleet en heeft van niemand iets nodig om gelukkig te zijn. Maar uit mededogen wil ze ons allemaal tot deze toestand brengen.

Natuurlijk zijn niet alleen ashrambewoners door Amma getransformeerd. Neem bijvoorbeeld de dorpsbewoners in de omgeving van de ashram. Misschien herinneren lezers van *Het Ultieme Succes* zich het verhaal over Amma die prasad naar de dorpelingen gooide toen ze de ashram verliet voor een buitenlandse tournee. In die tijd kwamen de dorpelingen hun huizen niet uit om Amma voorbij te zien gaan en ze lieten de prasadsnoepjes gewoon op de grond liggen. Alleen de kinderen waren erin geïnteresseerd. Maar tegenwoordig zien we iets heel anders.

Toen Amma in 2005 de ashram verliet om in Europa op tournee te gaan, stonden de ashrambewoners zoals gewoonlijk in een rij langs het pad van Amma's kamer naar de strandweg. Maar deze keer hield het pad daar niet op. Zelfs op dat vroege uur leek het hele dorp wakker te zijn. De dorpelingen stonden met gevouwen handen voor hun huizen.

Voor veel huizen waren lampjes aangestoken en de hele familie, moeders, vaders, kinderen, grootouders, hadden al een bad genomen en stonden naast de lampjes te wachten tot Amma voorbijkwam. De mantra *Om Amriteshwaryai Namah* klonk zachtjes in harmonie met de golven die op de kust sloegen.

Amma's auto reed langzaam over de weg en stopte bij iedere brandende lamp. De dorpelingen strekten hun handen uit en Amma drukte er snoepjes in. Nadat Amma voorbij gekomen was, vergoten veel dorpelingen tranen. Sommigen reciteerden Amma's naam nog steeds, anderen mompelden zachtjes. Hun stemmen haperden van emotie. "Ze heeft mijn hand aangeraakt...ze heeft me een snoepje gegeven." Anderen stonden er stil bij, onbeweeglijk en hun tranen wegpinkend.

Veel mensen hoorden de mantra's en renden meteen hun bed uit om nog een kostbare glimp van Amma op te vangen. Anderen kwamen met natte kleding en druipend haar uit de badkamer. Het tafereel herinnerde mij aan een verhaal over de gopi's van

Vrindavan dat Amma vaak vertelt. Op zekere dag hoorden de gopi's dat Sri Krishna zou gaan dansen op de oever van de rivier de Yamuna. Toen ze dit hoorden, hielden ze allemaal op met wat ze aan het doen waren en renden meteen hun huizen uit. Sommigen van hen waren net bezig eyeliner op hun ogen aan te brengen en hadden pas één oog gedaan. Anderen hadden pas één sok aan. Degenen die in de keuken gewerkt hadden, zagen er vreselijk uit. Ze hadden, zonder het in de gaten te hebben, hun gezicht afgeveegd met hun door roet bevuilde handen. De gopi die net de lunch voor haar echtgenoot geserveerd had, rende naar buiten met de opscheplepel in haar hand. Een andere gopi die het erf aan het vegen was toen ze het bericht hoorde, had de bezem nog in haar hand. Enkel het noemen van de naam van de Heer was voor de gopi's genoeg reden om al hun werk te laten liggen en naar de oever van de rivier de Yamuna te rennen.

Een dorpeling die als soldaat werkte, gaf over de verandering in het gedrag en de houding van de bevolking in de omgeving van Amma's ashram hetvolgende commentaar: "Voor de tsunami geloofden wij allemaal dat Kadal Amma (Moeder Zee) onze beschermer was. Maar toen de zee op kwam zetten om ons te vernietigen, beschermde Amma ons. Amma is groter dan Moeder Zee."

Enkele dagen eerder hadden de dorpelingen zich langs de weg opgesteld ter ere van Amma's tweeënvijftigste verjaardag. Ook dit was anders dan in het verleden. Dit jaar was het de eerste keer dat ze Amma's verjaardag als een feestdag beschouwden. Geen enkele visser was die dag de zee opgegaan. Dit was, nog meer dan het nemen van een vrije dag, een teken van een duidelijke verandering in de houding van de dorpelingen tegenover Amma. Na alles wat Amma na de verwoestende tsunami voor hen gedaan had, was het geen verrassing dat ze ervoor kozen om Amma's verjaardag als een feestdag te beschouwen. Dit waren dezelfde mensen die stenen naar Amma gegooid hadden, haar beledigingen toegeroepen hadden en vele jaren geweigerd hadden een voet in de ashram te zetten.

Onlangs kwam de vader van een kind dat ingeschreven was bij Amrita Vidyalayam (Amma's lagere scholen) naar Amma voor darshan. Hij had het er duidelijk moeilijk mee om zijn emoties te bedwingen. Zodra hij in Amma's armen lag, begon hij te snikken. Dit waren geen tranen van verdriet, maar van dankbaarheid en vreugde.

Een paar dagen daarvoor werd hij door de school waar zijn zoon op zat, uitgenodigd om deel te nemen aan een programma dat alle scholen van Amma nu al verscheidene jaren organiseren. Om respect en liefde van kinderen voor hun ouders te stimuleren organiseren de ashramscholen ceremonies voor grote groepen, waarbij de kinderen de voeten van hun ouders wassen. De traditionele verering van de ouders is gebaseerd op de instructie in de *Taittiriya Upanishad* (1.11.2): "Moge de moeder voor u een godin zijn. Moge de vader voor u een god zijn."

De man keek op in Amma's ogen. "Toen mijn zoon mijn voeten begon te wassen, vroeg ik me af: 'Wie ben ik om zo aanbeden te worden? Ik ben zoiets niet waard.'" Vervolgens vertelde hij Amma dat hij in zijn hele leven nog nooit de voeten van zijn ouders had aangeraakt, laat staan pada puja voor hen gedaan had.

Maar, vertelde hij aan Amma, toen hij weer naar huis ging, was hij zo geïnspireerd door wat zijn kind gedaan had dat hij de eerstvolgende keer dat hij zijn moeder zag, snel en devoot aan haar voeten knielde uit dankbaarheid voor alles wat zij in zijn leven voor hem gedaan had.

"Toen ik de voeten van mijn moeder aanraakte, kon ze het niet geloven," zei de man. "Nu, voor het eerst in zesendertig jaar voel ik liefde en respect voor mijn moeder. Pas toen ik voor haar neerknielde, onderkende ik haar waarde. Mijn moeder zegende mij met liefde en genegenheid en zei: 'Alle negatieve gevoelens die ik jegens jou gehad kan hebben, zijn hierdoor uitgewist.'"

De man bedankte Amma uitbundig voor haar hulp bij het opnieuw leren van traditionele waarden aan de jongere generatie. "Amma, u hebt mij de verhevenheid van het moederschap geleerd. Ik zal voor altijd aan u verplicht zijn. U bent de moeder van allen."

In februari 2005 bezocht Amma in Sri Lanka een Tamil opvangcentrum voor tsunamislachtoffers. Een groep Tamil Tijgers, leden van de LTTE (Bevrijdingstijgers van Tamil Eelam), kwam voor Amma's darshan, evenals een groep soldaten van de Speciale Taakeenheid (STF) van het Singalese regeringsleger. De legers van de Tamils en de Singalesen zijn sinds 1983 in een wrede oorlog verwikkeld waarin meer dan zestigduizend mensen gedood zijn.

Onder de leden van de LTTE die voor darshan bij Amma kwamen, waren veel jonge vrouwen. Ze waren als strijders te herkennen aan hun kort geknipte haar, mannenhemden en brede, zwarte geweerriemen. Toen de vrouwen bij Amma kwamen, verzachtten hun harde gelaatstrekken en lichtte in hun ogen een glimlach op. Omdat ze er niet zeker van waren of Amma Tamil sprak, vroegen ze aan een regeringsambtenaar die op dat moment bij Amma stond, om voor hen te vertalen. Dit was misschien wel het meest opmerkelijke moment van het hele gebeuren. Een groep militanten vroeg hulp aan een vertegenwoordiger van de regering die ze gezworen hadden omver te werpen. De ambtenaar was overweldigd bij het zien van de twee groepen die samen kwamen zonder bloedvergieten of zonder ook maar een spoor van vijandigheid. "Amma is de verenigende kracht," zei ze. "Alleen Amma kan al deze mensen bij elkaar brengen."

Zo'n transformatie is alleen mogelijk in de aanwezigheid van een ware meester. Amma zegt dat het grootste wonder dat men kan verrichten niet het materialiseren van een voorwerp uit het niets is. We kunnen namelijk geen enkel object manifesteren dat niet reeds in de schepping bestaat. Het grootste wonder, zegt Amma, is het creëren van een diepgaande verandering in het hart van een mens.

Dit wonder verricht Amma iedere dag van haar leven. ❖

Toen Amma een tsunami-opvangcentrum in Sri Lanka bezocht, kwamen zowel leden van het leger (boven) als van de LTTE (Tamil Tijgers, rechts) voor Amma's darshan.

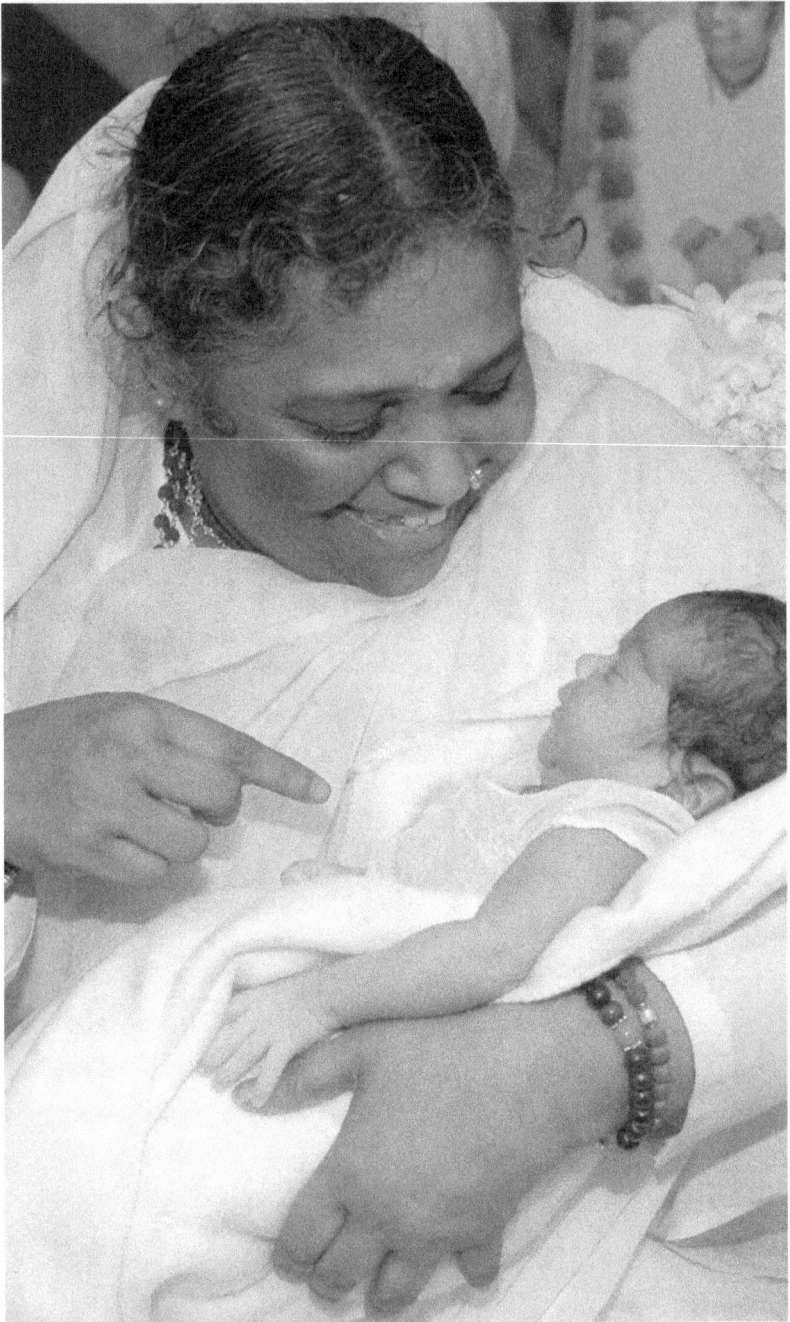

Na de tsunami verrichtte AIMS rekanalisatie-operaties bij zeven moeders die al hun kinderen bij de ramp verloren hadden en hun eierstokken hadden laten afbinden. Amma houdt hier een van de nieuwe baby's vast.

Hoofdstuk 14

In gesprek met God

"Door te bidden verandert niet God, maar degene die bidt."

– Søren Kierkegaard

Als meditatie betekent het in stilte één zijn met God, dan is bidden het aangaan van een gesprek met God. Amma zegt dat dankbaarheid echt bidden is, maar de meesten van ons bidden met een verzoek in gedachten. Zeer weinig mensen bidden uit dankbaarheid en liefde tot God, zonder er enig voordeel van te verwachten. Wat ons motief echter ook moge zijn, het essentiële ingrediënt bij het bidden is vertrouwen. Vertrouwen en intensiteit zorgen ervoor dat onze gebeden vrucht dragen. Amma geeft als voorbeeld het versturen van een brief. Als we het adres niet op de enveloppe zetten, zal de brief nooit op de bedoelde bestemming aankomen, zelfs als we er voldoende postzegels op plakken. Hoewel we beweren dat we vertrouwen in God hebben, is ons vertrouwen tegenwoordig vaak erg oppervlakkig. Amma vertelt het volgende verhaal.

Een man die aan de voet van een berg woonde had een geliefde die aan de andere kant van de berg woonde. Als hij haar wilde zien, moest hij een lange reis om de berg heen maken. De berg was te hoog en te gevaarlijk om erover te trekken. Op een dag herinnerde hij zich het gezegde uit de bijbel dat iemand met het vertrouwen ter grootte van een mosterdzaadje bergen kan verzetten.

Hoewel hij niet zo toegewijd was, dacht hij dat hij zoveel vertrouwen wel had. Iedere morgen ging hij met de ogen dicht zitten om te bidden: "O Heer, verplaatst U alstublieft deze berg, zodat ik mijn geliefde vanuit mijn voortuin kan zien." Na zo gebeden te hebben liep hij naar buiten om voor zijn huis te kijken of de berg al verplaatst was. Dit ging zo verscheidene maanden door, maar de berg bewoog zich niet. Tenslotte hief de man verslagen zijn handen op en riep: "Vanaf het begin wist ik wel dat de berg nooit zou bewegen!"

Echt is vertrouwen erg zeldzaam. Er is een verhaal over een dorp in India dat gedurende een aantal jaren ernstig door droogte geplaagd werd. Nadat de dorpelingen in alle richtingen gezocht hadden, vonden ze een priester die befaamd was om zijn vermogen om regen te brengen door het uitvoeren van een uitgebreide *yajna* (ritueel). Nadat alle voorbereidingen getroffen waren, brak de grote dag eindelijk aan. Duizenden mensen kwamen bijeen om toe te kijken hoe de priester de ceremonie uitvoerde, die na voltooiing onmiddellijk een stortregen hoorde te brengen. Toch bracht maar een persoon uit de mensenmassa een paraplu mee. Het was een klein jongetje. Toen de mensen hem aan zagen komen, vroegen ze hem: "Waarom heb je een paraplu bij je? Zo fel schijnt de zon vandaag niet."

De jongen antwoordde door zelf een vraag te stellen: "Staat het niet op het punt te regenen?" Hoewel de dorpelingen de moeite hadden genomen om een priester te vinden die de yajna kon uitvoeren, geloofde niemand dat het echt zou gaan regenen. Het verhaal doet de ronde dat dankzij het vertrouwen van deze kleine jongen met een paraplu de yajna een groot succes werd. Na afloop van het ritueel viel er een enorme stortbui.

We vergeten nooit om God aan te roepen als we hulp nodig hebben. We vergeten echter maar al te vaak om God de eer te geven voor het verhoren van onze gebeden als er onverhoopt een oplossing voor ons komt.

Er was eens een vrouw die zich na haar afspraak bij de dokter naar huis haastte. De dokter was opgehouden in het ziekenhuis en tegen de tijd dat de vrouw bij hem wegging, was ze flink achter op haar schema. Ze moest haar recept nog ophalen, de kinderen bij de oppas ophalen, thuis zien te komen, eten koken en dan op tijd zijn voor de ouderbijeenkomst die avond. Terwijl ze rondjes reed om het drukke winkelcentrum op zoek naar een parkeerplaats, begon het hard te regenen. Hoewel ze niet het type was om God met een klein probleem lastig te vallen, begon ze te bidden terwijl ze langs de rij parkeerplaatsen vlak voor de ingang reed. "Heer, U weet wat voor een dag ik gehad heb en nog steeds moet er vreselijk veel gedaan worden. Zou U me alstublieft meteen een parkeerplaat willen geven en als U dan toch bezig bent, zou U dan willen zorgen dat het dichtbij het gebouw is, zodat ik niet doorweekt raak?" Nauwelijks had ze de woorden geformuleerd of ze zag de achterlichten van een achteruitrijdende auto aan het einde van de rij. Het was de beste plek in de parkeerplaats, meteen naast de plaatsen voor gehandicapten en recht voor de ingang van het winkelcentrum. Toen ze op dit ideale plekje parkeerde, zei ze: "Het geeft niet, God. Hier is iets vrij gekomen zonder uw hulp. Nu ga ik nog proberen of ik in de winkel kan komen zonder drijfnat te worden!"

Amma zegt dat een ware zoeker iedere situatie in het leven als een geschenk van God of de goeroe aanvaardt. Echt bidden is het voelen en uitdrukken van dankbaarheid jegens de Allerhoogste voor alles wat we gekregen hebben. Niet dat God of de goeroe onze dank of lof nodig heeft; het is voor ons eigen welzijn dat we eraan denken dat alles wat we hebben een geschenk is. We zullen tenminste zolang we bidden niet egoïstisch zijn. We zijn dan onderdanig tegenover God. Bidden bevordert op een natuurlijke manier nederigheid en helpt ons om de beperkingen van onze kracht te herkennen.

In laatste instantie zijn we hulpeloos. Amma zegt dat zelfs de kracht om een vinger op te steken alleen van God komt. Als we altijd een vrome houding kunnen handhaven, worden we nederig en daarmee roepen we goddelijke genade in ons leven op. Amma zegt: "Als regen op een bergtop valt, zal het daar niet blijven; het regenwater stroomt naar lager gelegen gebieden. Op dezelfde manier stroomt goddelijke genade van nature naar iemand die nederigheid ontwikkeld heeft."

Amma zegt dat we, als we een stukje chocolade eten, aan de maker ervan moeten denken. Terwijl we van de schepping genieten, moeten we aan de Schepper denken. Wat onze ervaringen in het leven ook zijn, of ze goed of slecht zijn, ze zijn het gevolg van onze prarabdha. We vinden het niet erg om goede ervaringen te hebben. Daar klagen we nooit over. Maar zo kunnen we, als we slechte ervaringen hebben, troost vinden in het feit dat we daarmee weer iets van onze negatieve prarabdha hebben opgelost. En we kunnen altijd in gedachten houden dat er andere mensen zijn die het veel slechter getroffen hebben dan wij.

Er was eens een jongeman die aan het eind van zijn krachten was. Hij zag geen uitweg meer en knielde neer in gebed. "Heer, zo kan ik niet doorgaan,"zei hij. "Ik heb een te zware last te dragen."

Toen de jongeman zijn ogen weer opendeed, zag hij dat zijn omgeving veranderd was. Hij zat geknield in een enorme kamer en God stond voor hem. De Heer sprak hem vriendelijk toe: "Mijn zoon, als je het gewicht van je last niet kunt dragen, leg hem dan maar neer in deze kamer. Je kunt iedere andere last op je nemen die je maar wilt." De man was helemaal opgelucht. "Dank U, God," zuchtte hij. Toen hij merkte dat zijn problemen en zorgen de vorm van een bundel over zijn schouders aangenomen hadden, deed hij wat hem gezegd was. Toen hij om zich heen keek zag hij veel verschillende bundels; sommige waren zo groot dat er meerdere mensen nodig waren om ze op te tillen. Nadat hij lang had rondgelopen, viel zijn oog uiteindelijk op een kleine zak die vergeten in een hoekje lag.

Hij fluisterde: "Die zak bevalt mij wel, Heer."

De Heer antwoordde: "Mijn zoon, dat is de last die je bij je had toen je binnenkwam."

Als onze gebeden niet beantwoord worden, vragen we ons soms af of God ons negeert of op vakantie is. Maar we moeten in gedachten houden dat Gods perspectief veel ruimer is dan het onze. Er is een verhaal over een mier die tapas deed om een visioen van God te krijgen. Hij was van plan om God om de gunst te vragen dat iedereen die door een mier gebeten wordt, sterft. God wist dat een dergelijke gunst een ramp voor de mensheid zou zijn, maar op den duur was de tapas van de mier zo intens dat God het niet meer kon laten om hem darshan te geven en hem een gunst te verlenen. Toen God de mier vroeg wat hij wenste, zorgde Hij er echter voor dat de mier hem enige ruimte voor de interpretatie van zijn verzoek liet. De mier riep opgewonden uit: "Ja mijn Heer, ik heb iets in gedachten. Iedere keer dat een mier een mens bijt, moet hij sterven."

Waarop God antwoordde: "Je verzoek is toegewezen. Iedere keer dat een mier een mens bijt, zal de mier sterven." Hierop verdween God voordat de mier de kans had om zijn verzoek toe te lichten. Tot op de dag van vandaag heeft een mier die een mens bijt, een erg korte levensverwachting.

Amma heeft vaak gezegd dat er alleen maar enige harmonie in de wereld is, omdat God niet alle gebeden verhoort. Stel je eens voor: de barman bidt om meer klanten, de dokter bidt om meer patiënten en de grafdelver bidt om een epidemie.

Als er geen mahatma's in de wereld zijn, gebeurt alles precies volgens de wet van karma. Een mahatma heeft echter de macht om ons karma te veranderen (in de mate dat we ervoor openstaan om zijn genade te ontvangen). In deze betekenis kunnen we zeggen dat mahatma's zoals Amma zelfs meer mededogen hebben dan God. Velen van ons hebben als toegewijde van Amma de ervaring dat zelfs onze eenvoudige gebeden beantwoord worden. Misschien hebben we lang tot God gebeden en geen antwoord gekregen, maar Amma verhoort onze gebeden erg snel, zelfs als we het niet verdienen. Als we haar om iets vragen wat we verlangen, zal ze ons beslist helpen, zolang het niemand schaadt en in overeenstemming met dharma is.

Misschien is het moeilijk voor ons om met veel intensiteit te bidden als we tot een onzichtbare God bidden. Maar als we bidden tot iemand als Amma die we kunnen zien, horen en aanraken, zijn we vanzelf in staat om met meer liefde en vertrouwen te bidden. Deze intensiteit draagt er ook toe bij dat onze gebeden tot Amma beantwoord worden.

Een brahmachari van Amma vertelde me het volgende verhaal. Het gaat over een toegewijde van Amma uit het Westen die nu al enkele jaren naar de ashram in India komt. Gewoonlijk gaat hij op Amma's tournee door Noord-India mee. In een bepaald jaar kwam hij echter niet. Toen hij het jaar daarop weer verscheen, vroeg de brahmachari hem waarom hij het jaar daarvoor niet was gekomen. De toegewijde legde uit dat hij op een dag tijdens zijn laatste tournee met Amma de kans had om onder de darshan naast haar te zitten om haar het snoepje en pakje met *vibhuti* (gewijde as) dat ze aan iedereen als prasad gaf, aan te reiken. Toen de man de prasad aan Amma gaf, kwam er een vrouw van zijn leeftijd voor darshan. Hij vond haar erg mooi en ze leek hem het type meisje naar wie hij al zijn hele leven op zoek was. Vergeet niet dat dit in India gebeurde en dat Amma die dag aan meer dan dertigduizend mensen darshan gaf. Daarom gaf ze erg snel darshan. Toen deze man het volgende pakje prasad aan Amma gaf, bad hij stil: "Amma, waarom kunt u niet zo'n lief meisje voor mij vinden?" Precies op dat moment hield Amma op met wat ze aan het doen was en draaide zich om. Ze keek de man recht in zijn ogen, glimlachte stralend en ging toen weer verder met het geven van darshan.

De man dacht er niet veel meer over na. Maar zodra hij weer naar zijn land teruggekeerd was, ontmoette hij iemand die erg veel leek op het meisje aan wie Amma op dat bepaalde moment in India darshan gaf. De man en de vrouw begonnen met elkaar af te spreken en al spoedig werden ze verliefd op elkaar. Amma had zijn wens vervuld.

De relatie duurde bijna een jaar; daarom was hij het jaar daarvoor niet naar India gekomen. Maar na enige tijd kregen ze conflicten over kleine dingen. Vervolgens werden de kleine dingen grote dingen en het duurde niet lang of ze gingen uit elkaar vanwege 'onverenigbare verschillen'.

Wanneer wij tot Amma of tot God bidden om een wens van ons te vervullen, een nieuwe auto, een betere baan, een mooie vrouw of een knappe echtgenoot, is het goed om eraan te denken dat alle wereldse dingen komen en gaan en evenveel pijn als vreugde brengen.

Voordat de Mahabharata-oorlog begon, gingen Arjuna en Duryodhana allebei naar Sri Krishna om hem om hulp te vragen bij het winnen van de oorlog. Arjuna ging namens de Pandava's en Duryodhana ging namens de vijand van de Pandava's, de Kaurava's. Beide mannen kwamen bijna gelijktijdig aan bij het huis van de Heer; Duryodhana kwam maar enkele ogenblikken voor Arjuna aan. De twee mannen gingen het huis binnen en liepen naar de slaapkamer waar Sri Krishna lag te slapen. Bij het hoofdeinde van het bed van de Heer stond een prachtige stoel; Duryodhana nam daarop plaats. Arjuna, die zich van nature nederig tegenover de Heer gedroeg, stond met gevouwen handen eerbiedig bij de voeten van de Heer. Toen hij zijn ogen opende, zag Sri Krishna dus Arjuna eerst, hoewel Duryodhana als eerste de slaapkamer binnengekomen was. De Heer vroeg aan beide mannen wat ze wensten.

Duryodhana, de leider van de onrechtvaardige Kaurava's, zei: "Mijn Heer, ik wil uw hulp in de oorlog tegen de Pandava's. Omdat ik hier als eerste was, moet u het voor mij opnemen."

Sri Krishna bleef onberoerd. "Het is waar dat jij als eerste binnenkwam, maar Arjuna zag ik het eerst. Dus zal ik jullie beide helpen. Een van jullie kan mijn hele leger hebben dat uit miljoenen soldaten, olifanten, paarden en strijdwagens bestaat. De ander kan alleen mij hebben. Ik zal geen wapens dragen, noch zal ik vechten, maar ik zal de menner van jullie strijdwagen zijn. Arjuna is jonger dan jij, Duryodhana. Men zegt dat de jongste de eerste keus geboden moet worden. Daarom zullen we Arjuna als eerste laten kiezen."

"Ik neem u alleen, mijn Heer," zei Arjuna zonder een moment te aarzelen. "U alleen bent mijn ware toevlucht en zonder u aan mijn zijde zou ik de oorlog niet eens willen winnen."

Duryodhana lachte vreugdeloos. "Mijn geluk is dat mijn vijand zo dwaas is. Zelfs als ik de eerste keuze had, zou ik uw leger nemen. Uw Leger is er vermaard om dat het nog nooit in de strijd verslagen is. Wanneer ik uw strijdkrachten aan de mijne toevoeg, zijn de Pandava's zwaar in aantal overtroffen en zal ik de oorlog zeker winnen."

Natuurlijk is de rest van het verhaal geschiedenis. Ondanks de overweldigende overmacht van het leger van de Kaurava's wonnen de Pandava's de oorlog.

Arjuna vroeg niet om materiële hulp; hij vroeg enkel om de genade en de leiding van de Heer. Aan het eind vielen hem zowel genade als voorspoed ten deel. Duryodhana bleef met niets achter, zelfs niet met zijn leven. Het is ook de moeite waard om het opmerkelijke gebed van Kunti te gedenken. Kunti was de moeder van de Pandava's en een vurige toegewijde van Sri Krishna. Zij bad altijd maar om één ding tot de Heer: "O Heer, geef mij meer en meer problemen, want alleen dan zal ik aan u kunnen denken." Als wij God omwille van de wereld verzaken, zullen we niet noodzakelijkerwijs krijgen wat we wensen. We zullen krijgen wat we verdienen. Laten we alleen God en zijn genade zoeken, zonder erom te bidden dat onze materiële verlangens vervuld worden. Goddelijke genade brengt zowel materiële voorspoed als spirituele ontwikkeling.

Natuurlijk moedigt Amma ons altijd aan om te bidden voor anderen en voor de vrede en de welvaart van de hele wereld. Dit kan niet als een zelfzuchtig gebed beschouwd worden, omdat onze geest ruimer wordt als we voor anderen bidden.

Er was eens een schip vergaan in een storm op zee. Er waren slechts twee overlevenden. Zij waren erin geslaagd om naar een klein verlaten eiland te zwemmen. Daar werden de twee gestrande zeemannen het erover eens dat ze geen andere redding hadden dan om tot God te bidden.

Om zich beter op hun gebeden te kunnen concentreren gingen ze ieder hun eigen weg en gingen aan een andere kant van het eiland wonen. Allereerst baden ze om voedsel. De volgende morgen verscheen er plotseling een vruchtdragende boom aan de kant van het eiland waar de eerste man zat. Hij kon het fruit plukken en een stevige maaltijd nuttigen. De andere helft van het eiland waar de tweede man zat bleef kaal. Dus bleef deze man hongerig.

Na een week besloot de eerste man dat hij eenzaam was en bad om een vrouw. De volgende dag verging er weer een schip. De enige overlevende was een vrouw die naar zijn kant van het eiland zwom.

Korte tijd later bad de eerste man om een huis, om kleren en om meer voedsel. De volgende dag werden al deze dingen hem gegeven. Het leek wel toverij. De tweede man had echter nog niets.

Tenslotte bad de eerste man om een schip zodat hij en zijn vrouw het eiland konden verlaten. De volgende morgen zag hij een schip dat was aangemeerd aan zijn kant van het eiland. De eerste man ging met zijn vrouw aan boord van het schip en besloot om de tweede man achter te laten.

Toen het schip op het punt stond om uit te varen, bulderde een stem van boven: "Waarom laat je je metgezel achter?"

De eerste man antwoordde: "Mijn zegeningen zijn alleen van mij, omdat ik ervoor gebeden heb. Zijn gebeden bleven allemaal onbeantwoord. Klaarblijkelijk verdient hij het niet om gered te worden."

"Dat heb je mis," sprak de stem

end. "Hij had maar één gebed en dat heb ik verhoord. Zonder zijn gebed zou jij niets gekregen hebben."

De eerste man eiste: "Waar heeft hij om gebeden, waardoor ik hem iets verschuldigd zou zijn?"

De stem antwoordde: "Hij bad erom dat al jouw gebeden verhoord zouden worden."

Amma sluit haar programma's altijd af met een gebed voor de hele wereld. Onlangs heeft Amma aan haar kinderen gevraagd om specifiek te denken aan degenen die hun levens of hun geliefden verloren hebben door rampen in verschillende delen van de wereld. Amma's gebed omarmt iedereen: degenen die gestorven zijn door de recente aardbeving in Kashmir en Pakistan, de overstromingen in Mumbai en in Zuid-Amerika, de tsunami in Zuidoost Azië, de orkanen in Amerika, de stormloop in Irak en degenen die om het leven komen in oorlogen en door terroristische acties.

Tegen het einde van 2005 zei Amma: "Het einde van de tragedies die we meemaken is nog niet in zicht. De natuur blijft boos en geïrriteerd. Alleen de koele en vriendelijke bries van goddelijke genade kan de wolken van haat, boosheid en wrok verdrijven. Laat ons daarom met een smeltend hart bidden." Vele toegewijden van Amma hebben opgemerkt hoe juist Amma het had toen zij in 2002 voorspelde dat 2005 een jaar van tragedies voor de wereld zou zijn. Amma vroeg haar kinderen over de gehele wereld om bijeen te komen voor *Amritavarsham50*, de viering van haar vijftigste verjaardag, die de vorm kreeg van een collectief gebed voor wereldvrede en harmonie. Amma spreekt vaak over de kracht van het groepsgebed. In de context van *Amritavarsham50*, waar zich honderdduizenden mensen verzameld hadden, zei ze dat, hoewel we allemaal als kleine kaarsen zijn, ons licht de gehele wereld kan verlichten, als we bijeenkomen om te bidden voor de vrede en het welzijn van alle levende wezens. ❖

Hoofdstuk 15

Sannyasa is een toestand van de geest

De grootste wijsheid is om tevreden te zijn met weinig; hij die zijn rijkdommen vermeerdert, vermeerdert zijn zorgen; maar een tevreden geest is een verborgen schat die niet door problemen gevonden kan worden.

— Akhenaten, Egyptische Farao

Als we het hebben over het vinden van de gelukzaligheid, de vreugde of de vrede in ons, denken veel mensen dat we dit maar het beste aan monniken kunnen overlaten en dat er geen hoop is om deze toestand van tevredenheid te bereiken zonder in een klooster of een ashram te wonen. Een regel in *Vijf verzen over spiritueel leven* van Shankaracharya luidt:

nijagṛhāttūrṇaṁ vinirgamyatāṁ

Verlaat je eigen huis helemaal en zonder dralen.

In de moderne wereld is het moeilijk om deze instructie letterlijk op te volgen. In vroeger tijden werden mensen er vanaf jonge leeftijd op voorbereid om zich te ontwikkelen met als uiteindelijke doel onthechting, in ieder geval tegen het einde van hun leven. De Veda's verdelen een mensenleven in vier *ashrama's* (fases) en iedereen groeide op in het besef dat ook hij door deze vier fases heen zou gaan.

De eerste levensfase wordt *brahmacharya* genoemd. In deze fase kreeg het kind onderwijs in een *gurukula* (een traditionele kostschool). Naast academische onderwerpen onderwees de goeroe de leerling ook het doel van het menselijke bestaan: het realiseren van zijn identiteit als Brahman, het Absolute. De leerling kreeg ook alle instructies die nodig zijn om een harmonieus leven in de wereld te leiden.

Na de fase van de gurukula hadden de jonge mensen een keuze: zich met hart en ziel aan een spiritueel leven wijden en *sannyasi* (monnik) worden of een huwelijksleven leiden en zich later in hun leven aan *sannyasa* (monnikenleven) wijden. Sannyasa werd als een gewenst pad voor iedereen gezien; het was slechts een kwestie van timing.

Degenen die ervoor kozen om te trouwen en kinderen te krijgen, gingen door twee extra levensfases heen voordat ze tot sannyasa kwamen. De eerste fase heet *grihasthashrama:* een carrière kiezen, trouwen en kinderen krijgen. Deze periode stond iemand toe om zijn wensen te vervullen, om door het opdoen van ervaring mentale rijpheid te verwerven en om zijn geest te zuiveren door het vervullen van zijn plichten en verantwoordelijkheden, die door de geschriften werden opgelegd. Dankzij het goede onderwijs dat men ontvangen had in de brahmacharya-periode, gebruikte men zijn onderscheidingsvermogen en begreep men tenslotte dat verlangens geen einde kennen en geen permanent geluk geven. Als de kinderen van het echtpaar tenslotte opgegroeid waren en op eigen benen konden staan, was men klaar voor de volgende ashrama die *vanaprastha* (woudleven) genoemd wordt.

In de vanaprastha-fase trok het echtpaar zich terug naar een eenzame plaats (in die tijd gewoonlijk het woud) en woonde samen als broer en zus. Omdat ze relatief vrij van verantwoordelijkheden waren en een zekere mate van mentale rijpheid verworven hadden, waren ze vrij om zich aan spirituele oefeningen te wijden. Tenslotte betraden ze het pad van totale onthechting, sannyasa.

In deze context zien we dat de instructie van Shankaracharya – verlaat je huis – niet zo dramatisch is. Het werd als het natuurlijke verloop van iemands leven gezien. In de hedendaagse wereld waarin we er niet op voorbereid zijn om zo'n stap te nemen, kunnen we echter vanuit een ander perspectief naar deze richtlijn kijken. We kunnen de tekst van Shankaracharya psychisch interpreteren. We kunnen een innerlijke onthechting ontwikkelen, terwijl we in ons huis blijven wonen.

Zelfs als we de instructie in de letterlijke betekenis op konden volgen, zouden we toch de problemen van de geest onder ogen moeten zien. Ook dan moeten we nog steeds onze resterende mentale gehechtheden, voorkeur en afkeer, verlangens en angsten overwinnen.

Amma zegt dat de oker kleur die de sannyasi's dragen, het verbranden van de identificatie met het lichaam en de geest in het vuur van onthechting symboliseert. Deze kleur betekent dat het verlangen naar wereldse prestaties ontbreekt en dat iemand zijn gehele leven aan het realiseren van God of het Zelf wijdt. De kleding is echter alleen maar een symbool, ter herinnering aan het doel. Sommige mensen hebben het niveau van onthechting van een sannyasi zonder dat ze okerkleurige kleding dragen. Amma draagt enkel wit, maar haar geest is volledig onthecht. In feite is sannyasa een toestand van de geest. Veel wijzen uit de hindoeïstische traditie leefden met hun gezin, terwijl ze van binnen echte sannyasi's waren. Amma zegt dat de werkelijke betekenis van sannyasa innerlijke onthechting is.

Er was eens een getrouwd stel in de vanaprastha-fase van hun leven. Ze wandelden samen in het woud. Toen de man een paar kostbare stenen verspreid over de grond zag liggen, gooide hij er snel wat zand overheen. Zijn vrouw vroeg hem: "Waarom deed je dat?"

De echtgenoot bekende: "Ik wilde niet dat jij de juwelen zag. Ik was bang dat hun aanblik voor jou reden zou zijn om te verlangen naar de pleziertjes van de wereld."

"Zie je deze stenen nog steeds als anders dan andere stenen?" vroeg zijn vrouw hem.

Amma zegt dat we in deze wereld moeten leven als boter die op water drijft. Hoewel de boter in het water is, blijft hij gescheiden en vrij van het water. Een boot kan op het water drijven, maar als er water in de boot komt, zal hij kapseizen. Amma zegt dat het op dezelfde manier prima voor ons is om in de wereld te leven, maar dat de wereld niet in ons moet leven. Natuurlijk weet Amma dat het ontwikkelen van dit soort onthechting niet gemakkelijk is. Ze wijst erop dat we ons hele leven altijd op iemand leunen voor ondersteuning. Als baby gaf onze moeder ons melk als we huilden. Dat is natuurlijk wat ze doen moet, maar zo begint onze afhankelijkheid van de buitenwereld voor troost en ondersteuning. Steeds als we als kind iets wensten, gingen we naar onze moeder en zij deed wat ze kon om onze verlangens te vervullen. Naarmate we opgroeiden, brachten we minder tijd met onze ouders door, maar toen werden we afhankelijk van onze vrienden voor troost en geruststelling. Uiteindelijk worden de meesten van ons verliefd, trouwen en krijgen kinderen. Zo gaat dat. Ik heb een verhaal gehoord over iemand die deze cyclus van afhankelijkheid zelfs nog verder voortzette. Haar vader was overleden toen ze nog erg jong was. Na de geboorte van haar zoon ging ze naar een zogenaamde helderziende. Deze helderziende vertelde haar dat haar vader als haar zoon was gereïncarneerd. Toen ze dit nieuws hoorde, rende ze naar huis om tegen haar zes jaar oude zoontje te zeggen: "Oh, pap, ik ben zo blij dat u terug bent!"

Sommige mensen voeren aan dat onthechting gebrek aan liefde betekent. Juist omdat Amma aan niemand gehecht is, kan ze voor iedereen dezelfde liefde voelen. Als we van iemand houden, raken we aan hem gehecht en kunnen we niet meer in dezelfde mate van anderen houden. Al onze liefde is op die ene persoon geconcentreerd of hooguit op een klein aantal mensen.

Amma heeft miljoenen toegewijden en ze ziet ieder van hen als haar eigen kind. Ieder moment van de dag ondergaat minstens een van Amma's toegewijden op de een of andere manier lijden of een crisis. Ze kunnen ziek worden, gewond raken of financiële verliezen lijden. Als een kind in moeilijkheden raakt, wordt de moeder gewoonlijk verdrietig en kan aan niets anders meer denken. Als Amma aan haar toegewijden gehecht zou zijn, zou ze voortdurend ongelukkig zijn omdat ze zou denken: "Mijn kind lijdt." Ze zou zich dan niet op haar bezigheden kunnen concentreren of geluk kunnen geven aan degenen die voor haar staan. Natuurlijk voelt Amma verdriet als haar kinderen lijden en geeft ze daar uitdrukking aan, maar ze laat niet toe dat de emotie haar overweldigt. Op deze manier is Amma perfect onthecht. Tegelijkertijd houdt ze onvoorwaardelijk en voor altijd van ons allemaal.

Hooguit onze eigen biologische moeder zal haar leven aan ons geluk en welzijn wijden. Ten slotte zal ze overlijden, een ander leven krijgen en een heel nieuw gezin hebben. Dan zullen wij niets voor haar betekenen. Ze zal ons helemaal vergeten zijn. Amma daarentegen zal ons nooit vergeten. Ze heeft beloofd om ons naar het doel te leiden en is bereid om zo vaak opnieuw geboren te worden als daarvoor nodig is.

Wij moeten proberen om op dezelfde manier te leven en lief te hebben. Amma zegt dat gewone liefde als een vijver vol bacteriën is. Als we aan iemand gehecht zijn, komen gevoelens van boosheid, wrok en jaloezie vanzelf in ons op. Terwijl onthechte liefde, zegt Amma, stroomt als een rivier. Een rivier kan niet tegengehouden worden door een steen of blok hout. De rivier stroomt er gewoon overheen, omheen of eronderdoor. Zelfs als we liefde en affectie delen met onze kinderen, met onze ouders of met onze huwelijkspartner en voor hen doen wat we kunnen, moeten we in gedachten houden dat ons Ware Zelf niet wordt beïnvloed door alles wat er met hen gebeurt.

Op een dag kwam de grote wijze Adi Shankaracharya een *chandala*[1] met vier honden tegen. Shankaracharya vroeg de chandala om opzij te gaan zodat hij zijn weg kon vervolgen. Zonder in beweging te komen vroeg de chandala aan de wijze: "Wat moet er van het pad gaan? Dit energieloze lichaam of het daarin wonende Zelf?" Hij vervolgde: "Grote asceet, u hebt vastgesteld dat het Absolute overal is, in u en in mij. Is het dit lichaam, gemaakt uit de vijf elementen, dat u op een afstand wilt houden van dat lichaam dat eveneens gemaakt is uit de vijf elementen? Of wilt u het zuivere Bewustzijn dat hier is scheiden van hetzelfde Bewustzijn dat daar is?"

Shankaracharya erkende zijn fout onmiddellijk. Hij boog diep voor de chandala en componeerde ter plekke vijf verzen waarin hij zei dat iedereen, zelfs een chandala, die blijk gaf van een dergelijke visie van gelijkheid, zijn goeroe was. Toen de wijze de dichtregels voltooid had, verdween de chandala en verscheen in zijn plaats Heer Shiva.[2]

In de *Bhagavad Gita* legt Sri Krishna uit:

vāsāṁsi jīrṇāni yathā vihāya
navāni gṛhṇāti naro 'parāṇi

---

[1] Persoon van een lage kaste, die op een bepaald moment als 'onaanraakbaar' werd beschouwd en op crematieterreinen voor de lijken zorgt.

[2] Hoewel het verhaal op deze manier verteld is, geloven sommigen dat het een van de leerlingen van Shankaracharya was die aan de chandala vroeg om een stap opzij te gaan.

tathā śarīrāṇi vihāya jīrṇānyanyāni
saṁyāti navāni dehī

Zoals men versleten kledingstukken afdankt en nieuwe
aantrekt, zo danken de belichaamden versleten lichamen
af en gaan andere lichamen die nieuw zijn, binnen.

(2.22)

Het Atman doet ons lichaam leven. We zeggen: 'mijn dierbare
dochter' of 'mijn lieveling', maar als onze dierbare sterft, spreken
we haar lichaam dan nog steeds aan met: 'mijn lieveling?' In werkelijkheid houden we van het Atman en niet van het lichaam. Als
we van het lichaam zouden houden, zouden we van het lichaam
blijven houden als de ziel het lichaam verlaten heeft. Dit is echter
niet het geval; we verbranden of begraven het lichaam zo spoedig
mogelijk. Een vers van een bhajan (*Manase Nin Svantamayi*) die
vaak door Amma gezongen wordt luidt:

ētu prāṇa prēyasikkuveṇḍi yitra yellāṁ niṅgaḷ
pāṭupeṭunnuṇḍo jīvanveṭinnupōlum
ā penmaṇipōluṁ tavamṛtadēhaṁ kāṇum nēraṁ
pēṭiccu pinmāṛuṁ kūṭe varukayilla

Voor welke lieveling heb je al die tijd geworsteld,
zelfs zonder je te bekommeren om je eigen leven?
Ook zij zal bevreesd zijn voor je dode lichaam
en ook zij zal je na je dood niet vergezellen.

Een derde manier om Shankaracharya's bewering 'Verlaat je
huis' te interpreteren is het huis als het lichaam op te vatten en
dat we geleidelijk een gevoel van onthechting ten opzichte van
ons lichaam en zijn behoeften moeten ontwikkelen. Dit kan een
onmogelijke prestatie lijken, maar mahatma's als Amma laten
duidelijk zien dat het binnen de menselijke mogelijkheden ligt
om dit te doen. Het is voor Amma niet ongewoon om twintig

uren achtereen darshan te geven zonder ook maar even op te staan om haar benen te strekken. Als jonge vrouw die uit het huis van haar ouders verstoten was, leefde ze meerdere jaren buiten, onder de stromende regen en in de brandende zon. Eens leefde ze zes maanden achter elkaar alleen op tulasibladeren en water. Zelfs toen de eerste brahmachari's al in de ashram woonden, hield Amma zich nooit bezig met waar ze zou gaan slapen. Soms sliep ze ergens onder een kokospalm, soms achter de koeienstal die was omgebouwd tot de eerste tempel van de ashram, soms op het zand langs de backwaters. Dit was voor haar geen punt; ze mediteerde of zong bhajans tot diep in de nacht om daarna te gaan liggen op de plek waar ze op dat moment toevallig was.

Zelfs tegenwoordig besteedt Amma geen bijzondere aandacht aan de behoeften van haar lichaam omdat ze haar Zelf niet als beperkt tot een lichaam ziet. In plaats daarvan ziet ze haar Zelf overal. Zoals de lucht die door een raam zichtbaar is, niet gebonden is aan het raamkozijn, zo is Amma niet gebonden aan haar lichaam.

Tegenwoordig vinden we het lichaam veel te belangrijk; we willen het iedere moeilijkheid besparen. Als onze benen bijvoorbeeld een beetje pijn beginnen te doen terwijl we zitten te mediteren, spannen we ons niet in om te blijven zitten; we willen opstaan en weggaan. Amma zegt dat we het lichaam vereren in plaats van het Atman. Zelfs als we naar een tempel gaan voor een religieuze ceremonie, doen we make-up op en kleden we ons mooi. In een andere bhajan (*Uyirayi Oliyayi*) schreef Amma:

> *rudhirāsthi māṁsattāl paritāpa durggandha*
> *puriyesaṁrakṣikkunnu*
> *purivātil puṛamellāṁ paripāvanamākkunnu*
> *purināthane aṛiyunnila*

We beschermen deze meelijwekkende, naar bloed, botten en vlees stinkende stad (het lichaam).

We reinigen enkel de buitenkant van het lichaam en kennen zijn Heer niet.

Amma zegt niet dat we ons lichaam moeten verwaarlozen. Het is ons voertuig op weg naar Godsrealisatie en als zodanig moeten we er goed voor zorgen. Maar we mogen niet vergeten dat het lichaam het middel is en niet het doel.

Vele jaren geleden zat ik achter het stuur van Amma's auto tijdens een tournee door Zuid-India. De andere ashramvoertuigen waren ver achtergebleven en Amma vroeg me te stoppen en op hen te wachten. Het was ongeveer vier uur 's middags en een erg warme dag. Toen de auto stilstond, begonnen we allemaal te transpireren. Omdat ik zag dat er ook zweetdruppels op Amma's voorhoofd kwamen, vroeg ik haar of ik de airconditioning aan zou zetten. Amma antwoordde: "Nee, dat zou een zwakheid zijn. Je gaat niet dood omdat je zweet. Als je niet in staat bent om boven zulke kleine ongemakken te staan, hoe kun je dan hopen om moeilijkere situaties het hoofd te bieden?"

Hoewel we ons lichaamsbewustzijn misschien niet kunnen overstijgen, moeten we ons wel trainen om minstens de basale tegenstellingen te overstijgen: hitte en kou, comfort en ongemak, enzovoort. Dat betekent niet dat we geen warme kleren aan moeten doen als het erg koud is. Het is belangrijk dat we onze grenzen kennen en tegenstellingen binnen die grenzen leren overstijgen. We mogen niet te afhankelijk zijn van externe situaties. 's Zomers klagen we dat het erg warm is, 's winters dat het te koud is en tijdens de moesson dat het te veel regent. Als we nooit ophouden met hierover te klagen, wanneer kunnen we dan in vrede zijn? Laten we ons trainen om in ieder geval de kleine ongemakken te verdragen.

Veel mensen denken dat onthechting betekent dat ze geen verantwoordelijkheden meer hebben. Vlak voordat de Mahabharata-oorlog begon, vroeg Arjuna aan Sri Krishna, die zijn wagenmenner was, om zijn strijdwagen naar het midden van het slagveld te rijden. Daar had Arjuna een overzicht over het kamp van de vijand. Hij zag dat veel nauwe verwanten en zelfs zijn leraar in het boogschieten tegen hem ten strijde trokken. Arjuna dacht: "Hoe kan ik al deze mensen doden? Het zou beter zijn als ik een sannyasi werd." Het advies dat Sri Krishna hem op dat moment gaf, vormt de tekst van de *Bhagavad Gita*. Nadat Arjuna de goddelijke raad van Sri Krishna ontvangen had, was hij in staat om zijn plicht, ten strijde trekken tegen de onechtvaardige Kaurava's, te vervullen met een onthechte zienswijze.

Er was eens een man met drie kinderen die een sannyasi bij hem thuis uitnodigde. Nadat hij hem een aalmoes gegeven had, begon de man met de sannyasi over zijn drie zonen te praten.

"Mijn oudste zoon is een zeer knappe zakenman," schepte hij op. "Onder hem heeft de firma zoveel vooruitgang geboekt dat ze het personeel moesten verdubbelen. Mijn tweede zoon werkt bij een ander bedrijf en hij heeft zo hard gewerkt dat het bedrijf de winst verdriedubbeld heeft."

De sannyasi informeerde beleefd: "En hoe gaat het met uw derde zoon?" Daarmee werd het motief achter de uitnodiging van de vader duidelijk.

"Hij is een onbenul die nergens goed voor is," bekende de man meesmuilend. "Hij heeft erbarmelijk gefaald bij iedere inspanning die hij ondernomen heeft. Ik vroeg me af of u hem mee zou kunnen nemen en tot uw leerling maken."

Zoals Arjuna zoeken veel mensen hun toevlucht in onthechting uit wanhoop en om aan de levensproblemen te ontsnappen. Weer anderen denken dat alleen zij die in het leven falen, de wereld vaarwel moeten zeggen. Beide opvattingen zijn verkeerd. Onthechting is niet voor mensen die lui zijn of die hun verantwoordelijkheden willen vermijden, maar voor hen die een oprecht verlangen hebben om de Waarheid te realiseren en die beseffen dat wereldse gemakken, prestaties en relaties hen niet helpen om hun doel te bereiken.

Amma vertelt het volgende verhaal om de werkelijke betekenis en kracht van sannyasa te illustreren. Op zekere dag benaderde een spiritueel zoeker een rondzwervende mahatma en vroeg hem wat het betekende om sannyasi te zijn. De mahatma gaf geen antwoord, maar liet onmiddellijk de bundel die hij droeg vallen en bleef doorlopen. Niet tevreden met dit antwoord rende de zoeker achter de mahatma aan en riep: "Wacht! U hebt mijn vraag niet beantwoord!"

Als antwoord draaide de mahatma zich om, liep terug naar de bundel en nam hem weer op zijn schouders. Nog steeds zwijgend wandelde hij verder in de door hem ingeslagen richting.

De volhardende zoeker volgde de mahatma en smeekte hem om de betekenis van zijn handelingen uit te leggen. Uiteindelijk stond de mahatma stil en zei. "Toen ik de bundel liet vallen, betekende dit het afstand doen van gehechtheid aan alle objecten en alle mensen op de wereld. Toen ik hem weer opnam, betekende dit het op mijn schouders nemen van de last van de wereld; alleen iemand die onthecht is, kan de wereld waarlijk dienen."

Onthecht zijn betekent niet per se het zich helemaal terugtrekken van de wereld en wereldse zaken. Amma geeft het voorbeeld van een manager of kassier bij een bank. In één dag gaat er meer geld door zijn handen dan hij ooit in zijn hele leven zal verdienen. Toch is hij niet gehecht aan dit geld omdat het niet van hem is. Op dezelfde manier opereert een chirurg ieder jaar honderden patiënten en doet hij zijn best om de gezondheid van hen allemaal te verbeteren of hun leven te redden. Hij geeft raad aan hun dierbaren en troost hen, maar is aan niemand van hen gehecht. Als hij wel dat wel zou zijn, zou hij erg ongelukkig in het leven zijn; hij zou aan angst en schuld ten onder gaan. We moeten proberen om een zelfde houding van onthechting te bewaren bij de omgang met onze dierbaren. Laten we net als de bankmanager en de dokter proberen om anderen te helpen en om geluk in hun leven te brengen zonder overmatig gehecht aan of afhankelijk van hen te worden. Op deze manier kunnen we, ook al blijven we in de wereld, de geestesgesteldheid van de sannyasi ontwikkelen, dat wil zeggen onze verantwoordelijkheden dragen en voor onze dierbaren zorgen zonder onze innerlijke vrede op te offeren. ❖

Hoofdstuk 16

"Ga door totdat het doel bereikt is!"

Bespotting zal geen macht blijken te hebben over degenen
die naar de mensheid luisteren
of over degenen die in de voetstappen van het Goddelijke
lopen, want zij zullen eeuwig leven.

– Kahlil Gibran

Er is een verhaal over de dichter Rabindranath Tagore. Op een avond verbleef hij op een woonboot waar hij bij kaarslicht aan het lezen was. Het was niet nodig om een kaars aan te steken. De volle maan verlichtte de lucht en het water om hem heen, maar de dichter, die verdiept was in zijn boek, merkte niets van zijn omgeving. De nacht was doordrongen van een diepe stilte die maar af en toe werd doorbroken door de vleugelslag van een vogel die over zijn boot vloog of door een plons in het water als een vis boven het wateroppervlak van het meer uitsprong.

Eindelijk, uitgeput als hij was, blies hij de kaars uit. Toen hij dat deed, werd hij plotseling getroffen door de natuurlijke schoonheid van zijn omgeving. De bleekgele gloed van de kaars had de schitterende zilveren stralen van de maan buiten gehouden. Een vis sprong omhoog en hij keek hoe hij weer in het water plonsde. Enkele witte wolken dreven door de lucht en weerspiegelden zich in het stille, zilveren water.

"Wat ben ik dwaas geweest!" mompelde Tagore bij zichzelf. "Ik zocht in boeken naar schoonheid en al die tijd klopte schoonheid op mijn deur, wachtend tot ze werd binnengelaten. Terwijl ik naar schoonheid zocht bij het licht van een kaars, hield ik het maanlicht op een afstand."

Tagore realiseerde zich dat op dezelfde manier het bleke flakkerende licht van ons ego verhindert dat we ons baden in het schitterende licht van God. Alles wat we moeten doen, is de kaars van het ego uitblazen, uit de kajuit van onze zelfzuchtige verlangens stappen en de schoonheid van God in volle glorie zien.

Ongeveer twintig jaar geleden kwam er een westerling naar de ashram. We zaten allemaal samen in de kleine eetkamer te eten. Na de maaltijd nam ik Amma's bord mee naar de keuken om het af te wassen. In India wassen we gewoonlijk borden waarvan we gegeten hebben buiten de keuken af, omdat deze borden als onrein beschouwd worden totdat ze afgewassen zijn. De keuken waar de maaltijden worden bereid, moet zuiver blijven. Maar deze westerling die mij Amma's bord zag afwassen, kwam zijn bord ook afwassen. Ik legde hem beleefd uit dat borden buiten de keuken afgewassen moesten worden en dat ik alleen het bord van Amma in de keuken afwaste. Hij zei dat hij er de voorkeur aan gaf om zijn bord ook in de keuken af te wassen. Ik vroeg hem nogmaals om dit buiten te doen en legde uit dat Amma onze goeroe was en niet een gewoon iemand, dat ze zich altijd bewust was van het Absolute en dat het dus in orde was als ik haar bord in de keuken afwaste. Hij antwoordde bruusk: "Ook ik ben het Absolute. Wat is het verschil tussen haar en mij? Ik ga mijn bord hier afwassen!" Deze sterke reactie van zijn kant was op zichzelf een duidelijke indicatie van zijn onvolwassenheid en zijn egoïsme. Hoewel hij er aanspraak op maakte: "Ik ben Brahman," identificeerde hij zich duidelijk met zijn lichaam, geest en intellect.

Amma zegt: "Zonder de hulp van spirituele oefeningen kan de subtiliteit van de Waarheid niet begrepen en geassimileerd worden." Als we blijven zeggen "Ik ben Brahman" zonder de spirituele oefening die nodig is om deze waarheid te assimileren, zijn we als de man die opschepte dat hij zelfs in het pikkedonker kon zien.

Iemand vroeg hem: "Als dat zo is, waarom zien we je dan zo nu en dan met een lamp door de straten lopen?"

"Alleen om te voorkomen dat andere mensen met mij in botsing komen," verklaarde de man.

Amma vertelt het verhaal over de pundit die voortdurend herhaalde "Ik ben Brahman, ik ben Brahman," totdat iemand hem van achteren met een naald prikte. Woedend begon de pundit de 'dader' te slaan en te vervloeken.

In tegenstelling daarmee staat het beroemde verhaal van Sadashiva Brahmendra, de mahatma die het prachtige lied *"Sarvam Brahmamayam"* oftewel "Alles is Brahman" componeerde. Deze hoogstaande wijze uit Tamil Nadu zwierf altijd naakt door de straten terwijl zijn geest in de gelukzaligheid van het Zelf was ondergedompeld. Op een dag dwaalde hij het paleis van de koning in toen de koning hof hield met alle edellieden om zich heen. De koning die dacht dat de mahatma een zwerver was, vatte zijn naaktheid als een belediging voor de kroon op en beval hem om zich te bedekken. De mahatma knipperde zelfs niet met zijn ogen laat staan dat hij een poging deed om zijn naakte lichaam te bedekken. Hij nam helemaal geen notitie van zijn omgeving.

Toen Sadashiva Brahmendra niet op zijn bevelen reageerde, versperde de koning hem de weg, trok zijn zwaard en hakte de mahatma een arm af. De koning was er zeker van dat dit een les zou zijn die hij nooit meer vergeten zou. In plaats daarvan reageerde de mahatma, toen hij merkte dat hij zijn weg niet in die richting kon vervolgen, door rustig om te keren en in een andere richting te lopen.

Toen de koning de reactie van de zogenaamde zwerver op zijn gewelddadige aanval zag, realiseerde hij zich dat hij zojuist een mahatma had aangevallen. Vol afschuw over zijn fout, dacht hij

177

bij zichzelf: "Als koning is het mijn plicht om mijn onderdanen te beschermen en nu heb ik een van de meest dierbaren onder hen aangevallen." Met de bedoeling als boetedoening zichzelf het leven te benemen rende de koning met de afgehakte arm in de ene en zijn zwaard in de andere hand achter de mahatma aan. Toen hij hem ingehaald had, boog hij diep en klampte hij zich aan de voeten van de mahatma vast. Daarbij vergoot hij een stroom van tranen en snikte hij luid.

Het intense berouw van de koning trok de aandacht van Sadashiva Brahmendra, iets waar de aanval met het zwaard niet in geslaagd was. "Wat zit u dwars?" vroeg hij aan de koning. De koning hield de afgehakte arm van de wijze omhoog en bood die hem aan, terwijl hij zei: "O Gezegende, vergeef deze onwetende dwaas die Uwe Heiligheid zoveel schade heeft berokkend."

"Niemand heeft letsel toegebracht en niemand heeft letsel ondervonden," antwoordde de mahatma. Na deze woorden nam hij zijn afgehakte arm aan die de koning hem aanbood en zette die vervolgens weer aan zijn lichaam vast. Hij wreef met zijn andere hand over de wond en onmiddellijk werd zijn lichaam weer heel. Dit is geen sprookje. Het gebeurde iets meer dan 200 jaar geleden, in de tijd van de Amerikaanse Revolutie. De verslagen van vele ooggetuigen zijn opgeschreven in de geschiedenisboeken van Tamil Nadu. Uiteindelijk was het een keerpunt zowel in het leven van de mahatma als in het leven van de koning. De koning deed afstand van de troon om een leven van onthechting te gaan leiden. De mahatma gaf zijn zwervend bestaan op om te voorkomen dat anderen onwetend *papa* (zonde) begingen door hem aan te vallen. Het is duidelijk dat de uitspraak van de wijze 'Alles is Brahman' niet alleen maar woorden waren maar zijn eigen onweerlegbare ervaring.

Op dezelfde manier zijn het niet alleen maar woorden wanneer Amma zegt: "Ik ben Liefde; een ononderbroken stroom van liefde gaat van mij naar alle levende wezens uit." We kunnen dit weerspiegeld zien in al haar handelingen. Tijdens het geven van darshan verdraagt haar lichaam alle soorten fysieke spanning. Mensen knijpen haar, leunen op haar, knielen op haar voeten, maar Amma wordt nooit boos op hen. Ze geeft niet eens uitdrukking aan de pijn en het ongemak dat ze haar bezorgen, zodat ze zich niet schuldig of gekwetst hoeven te voelen. Amma geeft iedere dag aan duizenden mensen darshan en iedere persoon tot en met de laatste ontvangt dezelfde liefde. Amma zegt dat alles wat ze doet, iedere gedachte, woord en handeling van haar, ontstaat uit de overstromende liefde die ze voor ons voelt. Amma is vol vriendelijkheid en liefde, zelfs voor de mensen die haar dood wensen. Dit laat zien dat Amma is gevestigd in wat ze zegt: "Ik ben Liefde."

Een man vroeg Amma eens: "Amma, wat moet ik doen nadat ik van U een mantra gekregen heb?"

"Herhaal de mantra regelmatig met toewijding en oprechtheid," antwoordde Amma.

"En daarna?" vroeg de man.

"Je zult een zekere mate van concentratie ontwikkelen," antwoordde Amma.

De man drong verder aan: "En wat zal er daarna gebeuren?"

Geduldig antwoordde Amma: "Je zult je geest uit je omgeving terug kunnen trekken en gedurende lange tijd mediteren."

"En daarna?"

"Je kunt *samadhi*[1] bereiken."

"Wat zal er daarna gebeuren?"

"Bereik eerst dat niveau maar eens," zei Amma. "Daarna kun je terugkomen en vragen stellen over de volgende stappen."

---

[1] Samadhi is een transcendente toestand waarin men ieder besef van individuele identiteit verliest.

179

Deze man had alleen maar een intellectuele nieuwsgierigheid over spiritueel leven; hij had nauwelijks de bedoeling om oefeningen te doen.

Amma zegt dat een brandend verlangen om de Waarheid te realiseren een van de belangrijkste eigenschappen van een spirituele aspirant is. Een man van wie de kleren vlam gevat hebben, zal niet aan de voorbijgangers vragen: "Wat moet ik doen?" Hij zal naar water rennen. Het maakt hem niet uit of het schoon of vies is. Wij moeten hetzelfde gevoel van urgentie hebben, het brandende verlangen om God te kennen. Een lauwe houding zal ons niet verder helpen. Het verlangen naar bevrijding is als zwemmen tegen de stroom van een rivier in. Alle andere verlangens duwen ons voortdurend in de richting van de stroom. Onze geest staat ons nooit toe om stil te zijn. Als we proberen om in stilte te zitten zonder ons te bewegen, komt de geest in opstand en protesteert: "Waarom zou ik hier op één plaats blijven zitten terwijl er zoveel interessante zaken te doen en te genieten zijn? Doe niet zo dom en sta op." De geest kan er niet tegen om ingeperkt te worden. Als we proberen om hem in toom te houden, biedt hij weerstand en komt in opstand.

Een paard dat oogkleppen op heeft, kan alleen maar naar voren kijken. Zo moet ook onze omgeving ons, als spiritueel zoeker, niet afleiden. We moeten onze aandacht altijd op ons doel gericht houden. Alleen als we *lakshya bodha* (de intentie om het doel te bereiken) kunnen ontwikkelen, zijn we consequent in onze zoektocht en wordt elk handeling van ons sadhana.

We kunnen niet zeggen dat dit onmogelijk is. Als we het nader onderzoeken, zullen we zien dat we al in staat zijn om ons bewust te blijven van een bepaald doel en daarop gericht te blijven. Er is bijvoorbeeld een vrouwelijke toegewijde die vaak naar mijn programma's in een bepaalde stad in India komt. Zij lachte gewoonlijk hysterisch om zelfs het kleinste grapje. Toen ik op zekere dag in die stad een lezing gaf, merkte ik op dat deze vrouw geen enkele keer lachte, hoewel ik die avond verschillende grapjes maakte. Dit ging zo door op de dagen daarna. Wat het onderwerp ook was, ze keek altijd zeer serieus. Ik was benieuwd naar deze verandering. Toen ik haar toevallig tegenkwam op de laatste dag van het programma, vroeg ik haar wat er met haar aan de hand was. Ze legde me uit dat ze net een kunstgebit had gekregen en dat ze bang was dat dit uit haar mond zou vallen als ze lachte. Hoewel ze om mijn grapjes wilde lachen, zo vertelde ze mij, hield ze zich in bedwang uit vrees dat ze een beschamende scène zou veroorzaken. Haar doel was te voorkomen dat haar nieuwe gebit uit haar mond zou vallen en met dit doel voor ogen kon ze haar lachen bedwingen. Amma zegt dat wij op dezelfde manier heel veel discipline op kunnen brengen, als we ons bewust zijn van het spirituele doel van het leven en dit doel oprecht wensen te bereiken.

Over het belang van een regelmatige routine van spirituele oefeningen zegt Amma: "Het is als een wekker die ons wakker maakt. Er was eens een man die elke dag om acht uur 's ochtends opstond. Op een dag had hij een afspraak voor een interview om tien uur 's ochtends en moest hij om vier uur opstaan om op tijd op de plek te zijn waar het interview gehouden zou worden. Dus zette hij een wekker en daardoor kon hij om vier uur opstaan. De wekker helpt ons om ons bewustzijn te vergroten. Op dezelfde manier hebben we behoefte aan basisregels en reglementen, zoals een kind op de basisschool een lesrooster nodig heeft. Langzaam zullen we het vermogen ontwikkelen om de geest te beheersen."

Amma geeft het volgende voorbeeld: neem een stuk hout en probeer dat onder water te houden. Iedere keer dat het naar de oppervlakte terugkomt, duw je het weer onder water. Zodra je het stuk hout uit je handen laat glippen, zal het weer naar de oppervlakte drijven. Het hout zal niet onder water blijven. Als we de handeling echter voortdurend herhalen, zullen onze spieren zich ontwikkelen. Zelfs als we in de eerste fases van spirituele beoefening niet in staat zijn om ons te concentreren, zal het vasthouden aan een schema ons helpen om onze geest te disciplineren en om ons op het juiste spoor te houden.

Soms stoppen we met onze sadhana, omdat we vinden dat we geen vorderingen maken. Je denkt misschien: "Ik kan de mantra niet geconcentreerd herhalen, dus waarom zou ik ermee doorgaan?" Of we hopen dat we tijdens onze meditatie een bijzondere ervaring krijgen en we raken ontmoedigd als er niets spectaculairs gebeurt. Deze houding is niet juist; we moeten volharden in onze inspanningen. Amma geeft het voorbeeld van stroomopwaarts tegen een sterke stroom in zwemmen. Misschien komen we niet snel vooruit of zelfs helemaal niet, maar als we met onze inspanningen zouden ophouden, zouden we met grote snelheid meegesleept worden. Op vergelijkbare wijze voorkomt onze sadhana in ieder geval dat we volledig door onze negatieve neigingen en zelfzuchtige verlangens overspoeld worden.

Een van Amma's toegewijden die al vele jaren in de ashram woonde, merkte dat hij nog steeds niet in staat was om zijn heftige driftbuien te beheersen. Hij vroeg aan Amma of hij een gelofte van stilte voor een jaar kon afleggen, waarbij hij het grootste deel van zijn tijd in meditatie zou doorbrengen. Amma stemde hiermee in. Een jaar lang kon hij tegen niemand schelden of schreeuwen, omdat hij zijn gelofte van stilte niet wilde verbreken, hoewel hij van tijd tot tijd wel driftig werd. Toen het jaar voorbij was, begon hij weer te praten en werd het snel duidelijk dat er geen grote verandering in zijn karakter had plaatsgevonden. Een ashrambewoner die door deze man ruw berispt was, klaagde bij een brahmachari: "Een jaar lang is zijn enige taak geweest om geduld en vriendelijkheid te ontwikkelen en zelfs daarin is hij niet geslaagd. Wat is het nut van al deze *tapas* (ascese)?"

De brahmachari koos er echter voor om het van de zonnige kant te bekijken: "In ieder geval heeft hij in dat jaar niemand lastig gevallen!"

Amma zegt dat het leven op het spirituele pad vergelijkbaar is met een langeafstandsvlucht. Zolang we in het vliegtuig zitten, vinden we niet dat we met grote snelheid bewegen. Toch landen we binnen enkele uren in een ander land dat duizenden kilometers verder ligt. We moeten ons geen zorgen maken als we geen concentratie hebben. We zullen op zijn minst *asana siddhi*[2] ontwikkelen. Als we ons er niet toe kunnen brengen om te mediteren of onze mantra te reciteren, kunnen we op zijn minst een spiritueel boek lezen. Het belangrijkste is dat we discipline ontwikkelen, dat we iedere dag een bepaalde tijd zitten. Het is belangrijk dat onze sadhana constant en regelmatig is; het is niet voldoende om deze zo af en toe eens te beoefenen.

Het grootste obstakel in het leven van een spirituele aspirant is de twijfel of Zelfrealisatie mogelijk is. In de nacht voordat de Boeddha bevrijding bereikte, zat hij aan de voet van de bodhiboom en was vastbesloten: "Zelfs als dit lichaam uitdroogt en wegkwijnt, zal ik niet weggaan van deze plek voordat de uiteindelijke wijsheid in mij daagt." Swami Vivekananda spoorde zijn volgelingen aan: "Sta op, ontwaak! Ga door totdat het doel bereikt is!" Op dezelfde manier moedigt Amma ons aan om vasthoudend in onze pogingen te zijn en om nooit de hoop op te geven, hoeveel hindernissen we ook tegenkomen. "Op het spirituele pad kun je vaak vallen. Als je valt is het belangrijkste dat je niet op de grond blijft liggen en niet aan de situatie toegeeft. Je moet opstaan en moeite doen om verder te lopen. Geen enkele inspanning die je

---

[2] Letterlijk: 'perfect zitten'. Asana siddhi is de derde stap in een reeks van acht stappen naar bevrijding. Deze stappen worden beschreven in Patanjali's Yoga Sutra's. De eerste twee stappen staan bekend als *yama* en *niyama*, oftewel de geboden en verboden in het spirituele leven.

op het spirituele pad doet, zal verspild zijn. Het kan ons hele leven in beslag nemen om onze eenheid met God te realiseren, het kan verscheidene levens in beslag nemen. We moeten gewoon blijven proberen. Er is geen andere manier. Iedereen moet vandaag of morgen het spirituele pad betreden. Als je een obstakel tegenkomt, moet je het overwinnen."

Regen en sneeuw komen uit de lucht. Deze regen en sneeuw worden een rivier die vanaf de bergen naar beneden stroomt. De rivier draagt vele dingen met zich mee die hij op zijn weg tegenkomt en mondt tenslotte uit in de oceaan. Als de rivier langs een groot obstakel komt, zoals een grote rots, kan de rivier over de rots heen stromen, of een kleine omweg maken, maar hij stroomt nog steeds naar de oceaan.

Het leven stroomt niet blindelings; net als de rivier heeft het zowel een bron als een doel. De bron van alle leven is Zuiver Bewustzijn. Het doel van onze reis door het leven is om onze eenheid met dit Allerhoogste Zelf te realiseren. Veel vreemde dingen zoals afval, drijfhout en zand worden door de rivier meegenomen maar zijn geen deel van de wezenlijke aard van de rivier. Zij vertragen enkel zijn voortgang. Op dezelfde manier verzamelen wij gewoonten, gekwetste gevoelens, herinneringen en verlangens op onze reis door het leven. Maar deze zijn allemaal geen deel van onze essentiële natuur. We zullen ze moeten loslaten om het doel te bereiken. ❖

Hoofdstuk 17

Hoop voor de wereld

*"De wereld hoort te weten dat een leven vol onzelfzuchtige
liefde en dienstbaarheid aan de mensheid mogelijk is."*

– Amma

E en zeeman die schipbreuk geleden had en verscheidene
jaren op een verlaten eiland had doorgebracht, was gek
van vreugde toen hij op een ochtend zag dat er een schip
voor de kust lag en dat er een kleine reddingssloep dichterbij
kwam. Toen de boot op het strand gelopen was, liep de officier
die het commando had op de aan zijn lot overgelaten zeeman af
en overhandigde hem een bundeltje kranten. Hij zei: "De kapitein
zei dat je deze kranten maar eens door moest bladeren om het
laatste nieuws te lezen. Daarna kun je ons laten weten of je nog
steeds gered wilt worden."

De laatste jaren is Amma meer dan ooit gericht op het verlenen van humanitaire hulp. Dit is grotendeels opgelegd door de
tijd waarin we leven. Amma heeft zich ervoor ingezet om het
lijden te verlichten van slachtoffers van natuurrampen in verschillende delen van de wereld. In de zomer van 2005 gaven de
Verenigde Naties aan Amma's ashram een speciale adviserende
status als erkenning voor het buitengewoon effectieve en verrei-
kende werk van de ashram op verschillende terreinen van sociale
hulpverlening.

Voordat de zon op de dag van de tsunami in 2004 onderging,
was Amma al voedsel, onderdak en medische zorg aan het ver-
schaffen aan duizenden ontheemde slachtoffers. Veel lezers weten

misschien al dat Amma spoedig na de ramp beloofde om voor 18 miljoen euro hulp te geven. Veel van het geld werd bestemd voor het bouwen van 6200 huizen voor dakloze tsunamislachtoffers aan de beide kusten van India, in Sri Lanka en op de Andaman-eilanden. De regeringsspecificaties voor de huizen waren echter pas gereed nadat Amma de details van haar hulpplannen bekend gemaakt had. Het werd toen duidelijk dat de kosten het dubbele zouden bedragen van de oorspronkelijke begroting. Noch van de regering noch van liefdadigheids- of religieuze organisaties was financiële ondersteuning beschikbaar, maar Amma wilde niet op haar woord terugkomen. In plaats daarvan nam zij het op zich om met niets te beginnen en nieuwe manieren te bedenken om kosten te besparen zonder de integriteit van de huizen in gevaar te brengen.

Om dit te bereiken was Amma tijdens de zomertour van 2005 voor en na de darshan voortdurend met India aan het telefoneren om instructies aan haar leerlingen te geven hoe ze de kosten van de ruwe materialen omlaag konden krijgen en hoe ze alle obstakels konden overwinnen die ze bij het werk tegenkwamen. Soms telefoneerde ze zelfs midden onder de darshan. Terwijl ze iemands hoofd op haar schouder hield, sprak ze via de handsfree telefoon met de bouwopzichters. Ze vertelde hun waar ze zand, grind en cement moesten kopen en hoe ze aan het benodigde water konden komen. Op sommige plaatsen waren de wegen zo slecht dat de brahmachari's en de brahmacharini's de wegen eerst zelf moesten repareren voordat ze de materialen die ze nodig hadden konden vervoeren. Terwijl ik dit schrijf zijn bijna 4000 van de beloofde 6200 huizen klaar en overgedragen aan de begunstigden. De bouw van de resterende huizen is in volle gang.

Sommige journalisten vroegen: "Is Amma rijk? Waar haalt ze het geld vandaan om dit allemaal te doen?"

Het antwoord is dat Amma materieel niet rijk is, maar gemeten in termen van liefde, mededogen en kennis is ze onmetelijk rijk. Amma zegt dat alles wat ze bereikt heeft, enkel mogelijk was door het harde werken van haar kinderen. Amma vraagt nooit om donaties; overal waar ze heen gaat, biedt ze haar programma's gratis aan. Er zijn geen kosten verbonden aan haar darshan. Amma legt uit dat ze aan een project begint, als ze zich hiertoe geïnspireerd voelt. Ze besteedt er geen tijd aan om eerst uit te rekenen of het wel of niet financieel haalbaar is. Als Amma de noodzaak ertoe voelt, biedt ze hulp aan. De noodzakelijke middelen worden altijd met behulp van Gods genade gematerialiseerd.

Sommige fondsen die gebruikt zijn om hulp te verlenen aan slachtoffers van de tsunami en van andere rampen, waren eigenlijk al opzijgezet voor de uitvoering van andere projecten die Amma in de nabije toekomst gepland had. Amma zegt dat de toekomst niet in onze handen is; alleen het huidige moment is dat. Daarom dacht Amma dat ze haar aandacht van deze geplande projecten moest verleggen naar hulp bij rampen. Dat was op dat moment immers dringend nodig. Als de noden van de slachtoffers van de rampen volledig gelenigd zijn, zal Amma opnieuw haar aandacht richten op de eerder geplande projecten.

Er is een oud Japans verhaal over een Zenbeoefenaar, die Tetsugen heette. In zijn tijd waren de Boeddhistische *sutra's* (aforismen) alleen beschikbaar in het Chinees. Tetsugen besloot om ze in het Japans te publiceren. Er moesten 1681 kopieën van het boek gedrukt worden op houten blokken in een uitgave van ieder 7334 delen; het was een enorme onderneming.

Tetsugen begon met rond te reizen en donaties voor dit doel te verzamelen. Enkele sympathisanten gaven hem enorme sommen geld, maar meestal kreeg hij alleen kleingeld. Hij bedankte iedere gever met evenveel dankbaarheid. Na tien jaar had Tetsugen eindelijk genoeg geld om aan zijn taak te beginnen.

Toevallig overstroomde er in die tijd een rivier. Het gevolg daarvan was een grote hongersnood. Zonder zich te bedenken gaf Tetsugen de fondsen die hij voor het boek bijeengebracht had, uit om de bevolking van de hongerdood te redden. Daarna begon hij weer geld in te zamelen.

Enkele jaren later verspreidde zich een epidemie door het land. Opnieuw gaf Tetsugen alles wat hij verzameld had weg om medicijnen voor de zieken te kopen.

Voor de derde keer begon hij fondsen op te bouwen. Na twintig jaar werd in 1681 zijn wens eindelijk vervuld. Tegenwoordig zijn de houten blokken met de afdrukken voor de eerste uitgave van de Japanse sutra's te bezichtigen in het Obakuklooster in Kyoto.

Men beweert dat Japanse boeddhisten aan hun kinderen vertellen dat Tetsugen drie reeksen sutra's maakte. De eerste twee reeksen zouden, hoewel ze voor het oog onzichtbaar zijn, de laatste reeks die tentoongesteld is in het klooster, overtreffen.

Tegen het einde van de jaren tachtig begon zowel het aantal bewoners van de ashram als het aantal bezoekers dat voor Amma's dagelijkse darshan kwam, toe te nemen. Daarom werd besloten om een grotere darshanhal te bouwen. Omdat de ashram destijds nog erg arm was, gaven toegewijden wat ze konden missen om de bouwmaterialen te bekostigen. Amma werd in diezelfde tijd benaderd door de directie van een weeshuis in de omgeving dat in financiële nood verkeerde en niet in staat was om nog goede zorg aan de kinderen te geven.

Toen Amma over de benarde toestand van de kinderen hoorde, besloot ze om de fondsen die ze apart gezet had om een nieuwe darshanhal te bouwen, aan te wenden om het weeshuis over te nemen. In mei 1989 kwamen Amma's brahmachari's in het weeshuis. De gebouwen waren bouwvallig en de leefomstandigheden waren schokkend. Het voedsel bevatte geen essentiële vitaminen en mineralen en er was geen melk voor de kinderen. De eetzaal was een kleine, donkere kamer met een vloer van modder die tijdens de moessons altijd onder water liep. Daardoor waren de kinderen gedwongen om staand te eten. De daken van verschillende gebouwen waren lek en veel vloeren waren onherstelbaar beschadigd door jarenlange overstromingen. Er waren geen medische voorzieningen en veel gezondheidsproblemen die de kinderen hadden, werden niet behandeld. Er waren geen latrines die goed functioneerden.

Het weeshuis is nu helemaal herbouwd. Aan ieder aspect van de behoeften, interesses en aspiraties van de kinderen wordt aandacht besteed. Amma's weeshuis biedt ook onderdak aan een uitstekende school waar de kinderen de mogelijkheid hebben om naast Malayalam vloeiend Sanskriet en Engels te leren en hun middelbaar onderwijs af te ronden. Heel wat kinderen volger daarna hoger onderwijs.

Ik vroeg me wel eens af hoe het zou zijn voor een voormalige bewoner van het weeshuis die er gewoond had voordat Amma de verantwoordelijkheid overnam, om er nu een bezoek te brengen. Tijdens Amma's Europese tournee in 2005 bezocht een 29 jarige Malayali jongen die sinds 1985 in Nederland woont, Amma.

De weesjongen was negen jaar oud toen een Nederlands echtpaar hem en zijn zusje adopteerde uit het weeshuis in Parippally. Zij namen hem mee om bij hen in Nederland te wonen. Dit was in 1985, vier jaar voordat Amma's ashram het weeshuis overnam.

Toen de weesjongen, die nu een jongeman is, besloot om voor Amma's darshan te komen, had hij er geen idee van dat ze nu zorg droeg voor het weeshuis waarin hij was opgevoed. Hij ontdekte dit door tijdens Amma's programma de informatie in te kijken over de liefdadigheidsprojecten van de ashram. Toen hij de foto's zag van het weeshuis zoals het nu is, kon hij het natuurlijk niet herkennen. De naam van de kleine stad in Kerala waar het weeshuis nog steeds staat, liet hem echter geen ruimte voor twijfel. Het zien van de beelden van een liefdevol tehuis dat voorzag in zo'n hoog niveau van onderwijs en zorg, benam hem de adem. Wat voor hem een hel om in te leven was geweest, bleek inderdaad veranderd te zijn in een hemel voor degenen die daar na hem woonden. Maar voor deze jongeman was het niet te laat. De hemel was naar Nederland gekomen.

Terwijl hij in Amma's liefdevolle omarming lag, fluisterde de volwassen geworden wees: "Ik ben u zo dankbaar, Amma. Ik heb zoveel slechte herinneringen aan mijn verblijf in dat weeshuis. Ik ben zo blij dat u het overgenomen en veranderd hebt. Nu geloof ik dat het een doel had, dat ik mijn ouders verloor en in Nederland ben gaan wonen. Dat was mijn bestemming. Het was opdat ik hier vandaag Amma kan ontmoeten."

Alle humanitaire activiteiten van Amma waren soortgelijke spontane reacties op mensen in nood. In het midden van de jaren 90 werd Amma benaderd door een groep vrouwen uit een nabijgelegen stad. Zij vertelden dat ze in huizen van palmbladeren woonden. Sommige vrouwen hadden ongehuwde dochters die bij hen woonden. Een van deze meisjes was onlangs aangerand door een indringer. Zonder een deur die ze konden sluiten en op slot doen hadden ze geen mogelijkheden om zichzelf en hun kinderen, vooral de volwassen meisjes, tegen gevaar te beschermen. Amma's antwoord was het bouwen van gratis huizen in de nabijheid van de ashram. In 1996 startte ze het Amrita Kutiram project voor gratis huizen. Op dit moment zijn er meer dan 30.000 huizen gebouwd met als doel 125.000 huizen.

Andere gezinnen vertelden Amma dat zij hun uitgaven niet konden betalen doordat hun kostwinners gehandicapt waren of door andere moeilijkheden. Hierop startte Amma het Amrita Nidhi uitkeringenproject, dat nu meer dan 50.000 uitkeringen in het hele land verschaft.

Op dezelfde manier ontplooide Amma initiatieven in de gezondheidszorg. De wachtlijst voor een hartoperatie in Kerala was zo lang dat veel patiënten, zelfs als ze de operatie konden betalen, overleden terwijl ze wachtten. Nu komen vele duizenden naar Amma omdat zij hun laatste hoop is. Amma beantwoordt hun gebeden. Veel plaatselijke ashrams in heel India hebben een gratis apotheek. Amma's ashram in Amritapuri huisvest een liefdadigheidsziekenhuis dat iedere week duizenden patiënten behandelt. Er is een rusthuis voor kankerpatiënten bij Mumbai, een verzorgingshuis voor Aids-patiënten in Trivandrum en een liefdadigheidsziekenhuis voor de zeer verarmde inheemse bevolking in de afgelegen bergen in het Noorden van Kerala. Hulpprogramma's voor de gemeenschap variëren van thuishulp voor de terminaal zieken tot bijeenkomsten waar neurologische verzorging en gratis behandeling voor mensen met epilepsie en diabetes gegeven wordt. Het ziekenhuis van het Amrita Instituut voor Medische Wetenschappen en Onderzoek (AIMS) in Kochi, Kerala, dat hoog gespecialiseerd is en 1200 bedden heeft, legt zich toe op het geven van kwaliteitszorg aan iedereen, ook aan mensen die het niet kunnen betalen.

Het weeshuis was het begin van Amma's grootschalige humanitaire projecten. Als we echter wat nauwkeuriger kijken naar de vele humanitaire diensten die de Mata Amritanandamayi Math levert, zien we dat deze louter een uitbreiding zijn van wat Amma vanaf haar jeugd gedaan heeft: het zorgen voor de oude van dagen, de armen, de verwaarloosden en de lijdenden.

En hoe groot het netwerk van activiteiten ook wordt, Amma blijft standvastig aanwezig temidden van hen die haar liefde en mededogen het meeste nodig hebben. Ondanks al deze prestaties is Amma nooit opgehouden met het geven van darshan. Zelfs als ze de hele nacht op moet blijven om brieven te lezen, vergaderingen voor te zitten en telefoongesprekken te voeren, brengt ze nog steeds haar dagen door met het eigenhandig zorgen voor haar kinderen. Geïnspireerd door Amma's voorbeeld wijden duizenden zich aan het dienen van de arme, zieke en noodlijdende mensen; in deze zin zijn haar handen vele handen geworden.

Sommige mensen vragen zich misschien af hoe Amma in zo'n korte tijd zoveel heeft kunnen bereiken. Een deel van het antwoord is dat haar vrijwilligers door het ongeëvenaarde voorbeeld dat Amma stelt, meer geïnspireerd en toegewijd zijn dan anderen misschien zijn. Een lid van een NGO (non gouvernementele organisatie) in Tamil Nadu, die toezicht hield op tsunamihulpoperaties, zei vol verbazing dat van het dozijn NGO's dat daar werkte, de organisatie van Amma veruit de efficiëntste en de meest doeltreffende was. Een ander deel van het antwoord zit in de wijze waarop Amma het geld dat ze ontvangt, uitgeeft. De overheadkosten zijn relatief laag omdat het beheer van Amma's humanitaire projecten vrijwel geheel door vrijwilligers gedaan wordt. Daarnaast is Amma er altijd erg op gebrand om zo min mogelijk te verspillen, zowel in de ashram als in al haar instituten, van een handvol rijst tot hightech elektronische apparatuur. In de meeste instellingen van vergelijkbaar omvang zijn er veel afval en onnodige uitgaven. Maar Amma heeft in haar hele organisatie een sterke ethiek van zuinigheid ingebouwd. Niemand wil meer nemen dan hij voor zichzelf nodig heeft, omdat hij weet waar het geld vandaan komt en voor wie het bedoeld is. Niemand gooit iets weg wat nog bruikbaar is of opnieuw gebruikt kan worden.

Kort geleden kocht een ashrambewoner wat elektronisch apparatuur voor de audio- en videoafdeling van de ashram. Toen Amma ontdekte hoeveel de apparatuur gekost had, vroeg ze aan de koper of het echt noodzakelijk was geweest. Amma zei dat hij voortaan een logboek bij moest houden en haar wekelijks verslagen moest voorleggen, waarin hij omschreef hoe lang hij ieder apparaat iedere dag gebruikt had.

Er is niets wat aan Amma's aandacht ontsnapt, al is het nog zo'n klein detail Tijdens Amma's tournee in 2006 door Noord-Amerika, na de ochtenddarshan in de ashram te San Ramon in Californië, maakte Amma een omweg door de keuken van het huis waar zij, de swami's en enkele bewoners van de ashram in Californië verbleven. Bij de compostbak stopte ze en stak haar hand erin. Een lid van de tourgroep probeerde haar tegen te houden door te zeggen: "Geen zorgen Amma. Daar zit niets in."

"Hoe weet jij dat?" vroeg Amma terwijl ze een stukje brood dat er nog heel goed uitzag uit de bak viste. Ze onderzocht het en zei: "Wie zou dit weggegooid hebben? We moeten er altijd aan denken dat veel mensen zelfs zo'n klein beetje op een hele dag niet te eten krijgen. Voedsel mag nooit weggegooid worden, zeker niet in een ashram."

Toen Amma's Amrita Universiteit begon te groeien, kwam Amma te weten dat er in de eetzaal van de studenten veel voedsel werd weggegooid. Amma bracht de kwestie onder de aandacht toen ze de gelegenheid had om zich tot hen allemaal te richten. Ineens werd er drastisch minder voedsel verspild.

Amma heeft ons altijd gezegd: als je voedsel weggooit, denk dan aan de miljoenen kinderen die niet eens een maaltijd per dag krijgen. Als je geld onnodig uitgeeft, denk dan aan hen die ondraaglijke pijn lijden omdat ze zich niet eens één pijnstiller kunnen veroorloven. Vervolgens benadrukt ze altijd dat we niet mogen vergeten waar het geld van de ashram vandaan komt. Er zijn bijvoorbeeld enkele toegewijden die in een granietgroeve ongeveer tweehonderd kilometer ten noorden van de ashram werken. Ze hebben niet eens genoeg geld om naar de ashram te komen. Maar als ze hun weekloon ontvangen hebben, haasten ze zich naar het postkantoor om daar voor sluitingstijd te zijn. Als hun baas vraagt waarom ze zo'n haast hebben, antwoorden ze: "We willen een percentage van ons loon opsturen naar Amma."

Enkele jaren geleden kwam er een arm echtpaar uit een ander district van Kerala met een enorme zak rijst in hun armen naar de ashram. Enkele brahmachari's hielpen hen om de zak rijst te dragen en brachten het arme stel voor darshan naar Amma. Terwijl ze Amma de rijst aanboden, vertelden ze haar: "We hebben een loterijwinkel waaruit we een karig bestaan kunnen halen. Toch hebben we er altijd van gedroomd om op de een of andere manier deel te nemen aan Amma's activiteiten voor sociale dienstverlening. Daarom hebben we de afgelopen drie maanden extra uren gewerkt; we hebben zelfs een maaltijd per dag overgeslagen en spaarden daar geld mee uit. Hoewel we ernaar verlangden om Amma te zien, wachtten we geduldig, zodat niet al ons geld aan de reis op zou gaan en we niets meer aan zouden kunnen bieden. Na maandenlang sparen hadden we genoeg verzameld. Op weg naar de ashram kochten we een zak rijst. Amma, gebuikt u alstublieft deze rijst om arme mensen te eten te geven."

Amma kreeg tranen in haar ogen bij het horen van dit verhaal. Het is niet alleen voor de rijken weggelegd om dienstbaar te zijn; zelfs de relatief arme mensen kunnen doen wat ze kunnen voor nog minder gefortuneerde medemensen. Dit herinnert me aan een prachtig verhaal uit het heldendicht de *Ramayana* dat Amma vaak vertelt ter illustratie van deze waarheid.

Sri Rama was erachter gekomen dat zijn geliefde levensgezellin Sita door de demonenkoning Ravana gekidnapt en meegenomen was naar het eilandkoninkrijk Lanka. Daarom besloot de Heer een brug te bouwen vanaf het zuidelijke puntje van India naar Lanka om Sita te redden. Het grootste deel van het werk werd gedaan door Rama's apenleger dat werd geleid door Hanuman, degene die hem het meeste toegewijd was. Maar de apen waren niet alleen in hun inspanningen. Toen de Heer de vorderingen bij de brug onderzocht, merkte hij een kleine eekhoorn op, die als een pijl uit de boog op en neer rende van de brug naar het strand. Hij schoot tussen de poten van de apen door, die enorme keien op hun schouders droegen om de brug mee op te bouwen. Toen hij wat beter keek, zag Sri Rama dat de bewegingen van de eekhoorn niet zonder doel waren. Vlak voordat hij op het vasteland kwam, nam de eekhoorn steeds een duik in de oceaan, haastte zich het strand op en rolde zich in het zand. Dan rende hij terug naar het bouwterrein en schudde zijn lichaam waardoor het zand op de brug viel. Dit ritueel voerde hij onvermoeibaar uit. Hij ging honderden keren op en neer. De apen ergerden zich aan de aanwezigheid van de eekhoorn en probeerden hem uit de weg te schoppen. Uiteindelijk riep een van de apen: "Wat doe jij hier?"

"Ik help bij het bouwen van de brug om Sita Devi te redden," gaf de eekhoorn ten antwoord.

Alle apen binnen gehoorsafstand lachten hard. "Mooi geprobeerd, klein kereltje,"waarschuwden ze hem. "Maar hoe kun jij ons nu helpen? Kijk eens wat voor grote stenen wij sjouwen!"

"Het is waar dat ik niet zo veel kan dragen als jullie. Maar ik doe wat ik kan. Ik weet dat de taak van de Heer een nobele zaak is. En ik wil mijn best doen om hem te dienen."

De apen negeerden de eekhoorn en gingen door met hun werk. Aan het einde van de dag renden ze naar Sri Rama om hem te vertellen hoe ver ze gevorderd waren. Hij was echter niet in hun prestaties geïnteresseerd. In plaats daarvan vroeg hij hun om de eekhoorn bij hem te brengen. "Wat zou de Heer willen met dit nutteloze kereltje?" vroegen ze zich af, maar ze durfden niet ongehoorzaam te zijn. Toen ze de eekhoorn bij de Heer gebracht hadden, pakte Sri Rama hem op en hield hem liefdevol in zijn handpalm. "Jullie realiseren je niet, mijn beste apen, dat zonder het zand dat nu in de spleten tussen jullie keien zit, de brug zou instorten. Veracht nooit de zwakken of de daden van hen die niet zo sterk zijn als jullie. Iedereen is behulpzaam in overeenstemming met zijn capaciteiten en niemand is overbodig." Met drie vingers streelde Sri Rama de rug van de eekhoorn. Daarmee trok hij de strepen die de rug van de eekhoorn ook nu nog sieren, om ons eeuwig eraan te herinneren dat God een speciale voorliefde heeft voor de kleinere en zwakkere wezens.

Amma heeft altijd gezegd dat niet alleen de ontvangers van de liefdadige hulp bij deze activiteiten baat hebben. Iedereen die betrokken is bij welke stap van het proces dan ook, heeft er baat bij, spiritueel, materieel of beide. Amma's toegewijden maken allerlei dingen: handwerkjes, kralenwerk, ansichtkaarten, bloemenslingers, en bieden die haar aan. Omdat ze dit uit liefde voor Amma doen en geen enkele beloning voor hun arbeid verwachten, wordt dit *karma yoga*[1] voor hen. Amma zegent hun geschenken en andere toegewijden kopen deze voorwerpen als prasad.

Amma superviseert en begeleidt zorgvuldig de mensen die het geld over de verschillende humanitaire projecten van de ashram verdelen om zeker te stellen dat het geld naar die mensen gaat die er de grootste behoefte aan hebben. Zo ontvangen zowel degenen die het product maakten als degenen die geld bijdroegen door het te kopen, punya of verdienste, omdat het geld gebruikt wordt voor mensen die het nodig hebben. Tegelijk hebben de ontvangers baat bij het geld; Amma's hulp geeft hun vaak een nieuw start in het leven. En tenslotte ontwikkelen degenen die het geld verdelen meer bewustzijn en onderscheidingsvermogen. Amma zegt dat het, als het niet op deze manier gedaan wordt, als *archana* (verering) zonder oprechtheid en toewijding is: we verplaatsen de bloemen gewoon van de ene plek naar de andere. Maar als

---

[1] Karma betekenis letterlijk 'handeling'. Yoga betekent 'eenheid' en verwijst naar de eenheid van de individuele ziel en de Hoogste Ziel. Daarom betekent karma yoga het bereiken van deze eenheid door onzelfzuchtig te handelen.

we het geld op een gewetensvolle manier gebruiken, zodat het de mensen ten goede komt die het het meest nodig hebben, wordt het verering. Zoals Amma zegt: "God zit niet hoog in de lucht op een gouden troon. God is aanwezig in ieder wezen en in ieder voorwerp in de schepping. Het helpen van de armen en de behoeftigen op welke manier dan ook is God echt aanbidden."

Op een van de eerste dagen van Amma's Noord-Amerikaanse tournee in 2006 kwam een zeven jaar oud meisje naar Amma voor darshan. Ze heette Amritavarshini en ze kwam uit Eugene in Oregon. Toen het kind bij Amma kwam, hing ze voorzichtig een krans om Amma's hals. De krans was niet gemaakt van bloemen, maar van dollars, om precies te zijn 200 dollar. Het was al het geld dat het meisje gespaard had.

Toen Amma haar vasthield, begon het kind te huilen. Ze gaf Amma een brief die ze enkele dagen daarvoor met de hulp van haar moeder geschreven had.

Lieve Amma,

Hoe kunnen we de zieke mensen over de hele wereld beter maken? Hoe kan de wereld zien dat we één in harmonie zijn en ophouden met elkaar te bombarderen? Hoe kunnen we slavernij en racisme laten verdwijnen? Het maakt me echt erg verdrietig. Geef alstublieft dit geld aan de wereld die ziek is. Zorg alstublieft voor alle zieke en arme mensen.

Liefs, Amritavarshini

Amma nodigde het kind en haar moeder uit om naast haar te komen zitten. "Waarom huil je?" vroeg Amma aan de kleine meid. Vechtend tegen haar tranen zei het kind: "Ik wil zorgen voor vrede in de wereld."

De moeder van het meisje legde uit dat ze ongeveer een week geleden thuiskwam en Amritavarshini in tranen aantrof. Op haar vraag waarom ze huilde, antwoordde het meisje dat het was om de slavernij, oorlogen, ziekte en armoede in de wereld. Het meisje vertelde haar moeder dat ze al het geld op haar spaarrekening aan Amma wilde geven om Amma's liefdadigheidswerk te steunen. Haar moeder nam al het geld op, op veertig dollar na, die nodig waren om de rekening actief te houden. Amritavarshini drong er echter op aan dat ook dit geld aan Amma werd gegeven.

"Zulke kinderen zijn de hoop voor de wereld," zei Amma tegen iedereen om haar heen, terwijl ze de tranen van Amritavarshini droogde. "We moeten op onze knieën vallen en buigen aan de voeten van kinderen als dit meisje. Zulke kinderen zullen de wereld veranderen...Mogen haar onschuldige wensen vervuld worden." ❧

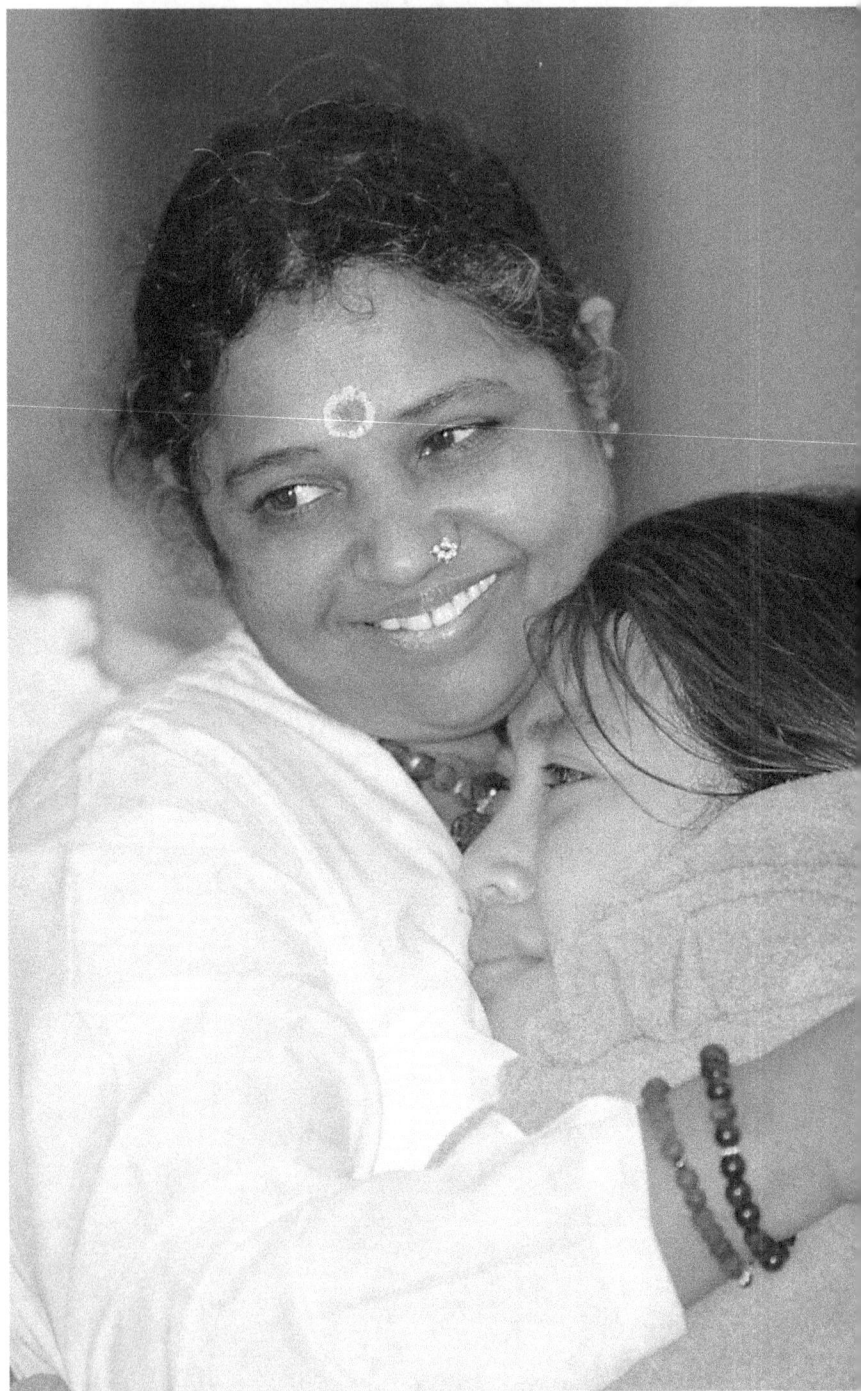

Hoofdstuk 18

Groeien in Liefde

Men moet mensen kennen om van ze te houden,
maar van goddelijke wezens moet men houden om ze te
kennen.

– Blaise Pascal

Hoewel de boer waarschijnlijk een grote variatie aan gewassen wil kweken, richt hij zijn aandacht altijd op de grond. Hij weet immers dat dit de voedingsbodem en de beslissende factor is voor de groei van alle plantaardige leven. Op dezelfde manier herinnert Amma ons eraan dat we, wat we ook aan het doen zijn, ons altijd het Allerhoogste Wezen moeten proberen te herinneren. Met dit in gedachten vraagt Amma ons vaak om ter afsluiting van onze meditatie te bidden dat iedere handeling die we verrichten, tot een verering van de Goddelijke Moeder wordt:

O Goddelijke Moeder,
Mogen al mijn woorden ter ere van U zijn.
Mogen al mijn daden ter aanbidding van U zijn.
Moge alles wat ik eet een offer aan U zijn.
Mogen al mijn ademtochten in liefdevolle herinnering aan
U gebeuren.
Moge iedere stap die ik zet mij dichter bij U brengen.
Moge, steeds als ik ga liggen, dit een knielen aan Uw
lotusvoeten zijn.

Amma zegt dat de gemakkelijkste manier om al onze handelingen tot aanbidding te transformeren is om ze met liefde te verrichten. Zij spreekt uit eigen ervaring, want zij ziet het goddelijke in ieder mens en in ieder ding in de schepping. Amma's liefde stroomt over in al haar gedachten, woorden en daden. Deze liefde geeft haar perfecte concentratie en transformeert al haar handelingen tot aanbidding. In de regel zijn de intensiteit van onze concentratie en de kwaliteit van onze daden direct evenredig aan de liefde die we voor het object van onze aandacht hebben. Als we bijvoorbeeld naar een interessante film kijken, gaan we er helemaal in op, we vergeten onze omgeving en zelfs onze lichamelijke behoeften; maar als het een slechte film is, worden we rusteloos en lijkt het alsof de film nooit ophoudt.

Er was eens een man die na het verbreken van zijn relatie aan zijn ex-vriendin vroeg om hem al zijn liefdesbrieven terug te geven. "Ik heb je jouw ring al teruggegeven," protesteerde de vrouw. "Wat is dit nu? Denk je dat ik jouw brieven ga gebruiken om je te vervolgen?"

"Oh nee," verzekerde de man haar. "Dat is het niet. Ik heb iemand vijfentwintig dollar betaald om ze voor me te schrijven en misschien wil ik ze opnieuw gebruiken."

Heb je je wel eens afgevraagd waarom we in het Engels zeggen 'falling' in love (verliefd worden, letterlijk: in liefde vallen) en niet 'rising' in love (oprijzen tot liefde)? Als we in liefde 'vallen', leiden onze bezitterigheid en onze buitengewone gehechtheid aan het object van onze affectie ertoe dat we ons onderscheidingsvermogen verliezen en we impulsieve beslissingen nemen die we achteraf betreuren. Er zit altijd een element van zelfzuchtige gehechtheid in onze liefde, en degene op wie we verliefd zijn, is gewoonlijk ook aan ons gehecht. (Als dat niet zo is, dan is dat een oorzaak van lijden.) Als we echter een ware spirituele meester liefhebben, helpt de meester ons om deze liefde tot een onvoorwaardelijke en onzelfzuchtige liefde te transformeren, zelfs als deze liefde begint als een imperfecte liefde vol verwachtingen en gehechtheden. In plaats van in liefde te vallen, helpt de meester ons om in liefde te groeien tot op de hoogte van Zelfrealisatie.

Amma zegt: "In de wereld van vandaag gelooft men dat de relatie tussen moeder en kind de mooiste relatie is. Maar in mijn wereld is dat niet zo; de relatie tussen goeroe en leerling is de mooiste relatie. Als je spiritualiteit begrijpt, verruim je je. Je verliest je gevoel van 'mijn'. *Mijn* moeder, *mijn* vader, *mijn* kind, *mijn* familie. In de relatie tussen goeroe en leerling, wordt alles van U (van de Heer). Het 'ik' verdwijnt en alleen het Atman bestaat. Bemin en dien anderen als je eigen Zelf. Als de linkerhand pijn heeft, komt de rechterhand hem troosten. Met deze houding kunnen we het leven het beste leiden."

Enige jaren geleden was Amma in Genève om de Gandhi-King Prijs voor Geweldloosheid in ontvangst te nemen en om een toespraak te houden op een conferentie van vrouwelijke spirituele leiders. Er was een openluchtevenement waarbij aan iedere deelnemer gevraagd werd om een kaars vast te houden en in een bepaalde opstelling in het gras te gaan staan. Van bovenaf gezien zou de hele groep dan het woord PEACE (vrede) vormen. Zodra Amma echter van het podium afkwam, gingen haar toegewijden om haar heen staan. Daardoor veranderde de A in een onherkenbare warboel. Amma moedigde hen sterk aan om op de hun toegewezen plaats te staan, maar ze konden zich er niet toe brengen om deze instructie op te volgen. Waarheen Amma ging, moesten zij wel volgen. De andere deelnemers stonden natuurlijk op de hen toegewezen plek en vormden de letters perfect, maar Amma leek altijd een dikke kring van lichamen om zich heen te hebben. Eerst was de coördinator van het evenement een beetje gefrustreerd. Hij riep in wanhoop uit: "Mensen, mensen! We proberen hier een woord te vormen!"

Maar al snel zag hij in dat voor Amma's toegewijden de aantrekkelijkheid van Amma groter was dan de aantrekkelijkheid van het deelnemen aan het evenement. Uiteindelijk gaf de organisator zich gewonnen en besloot naar de praktische werkelijkheid te kijken. "Goed," suggereerde hij slim. "Jullie lijken allemaal zoveel van cirkels te houden. Dus waarom vormen jullie niet de punt aan het eind van het woord?" Toen Amma dit hoorde, barstte ze in lachen uit en leidde ze haar kinderen speels naar het einde van de letters. Toen het evenement bijna afgelopen was, kwam er een journalist naar Amma toe. Hij had gezien hoe de middag verlopen was en vroeg aan Amma: "Aanbidden deze mensen u?" Amma schudde zachtjes haar hoofd, wees naar iedereen en zei: "Nee, het is andersom. Amma aanbidt hen."

Voor Amma is niets of niemand onbelangrijk. Haar mededogen is als een oceaan die naar voren stroomt om de voeten aan te raken van iedereen die het geluk heeft om voor haar te staan. Tijdens Amma's tournee in 2006 door Noord-India reed haar auto een dronkaard voorbij die midden over de weg strompelde. Amma vroeg de brahmachari die reed om te stoppen. De dronkaard liep heen en weer slingerend langs de auto. Toen hij naast de auto liep, stopte de auto van de ashram meteen achter Amma's auto. Hij botste ertegen aan en gaf hem een harde klap voordat hij verder liep.

Amma stond haar chauffeur toe om de reis voort te zetten, maar na slechts een meter of vijf vroeg ze hem weer om te stoppen. Vervolgens deed ze haar deur open, stapte uit en riep naar een brahmachari die in de volgende auto reed: "Hij is volkomen dronken. Ga hem van de weg halen. Zorg ervoor dat hij ergens gaat zitten. Zoek de dorpelingen en vertrouw hem aan hun zorgen toe." De brahmachari keerde om en reed terug om volgens Amma's instructies voor de dronkaard te zorgen.

Er staat een uitspraak in de *Saundarya Lahari* van Adi Shankaracharya: "Mogen uw ver reikende ogen, die slechts een weinig
geopend zijn als een blauwe lotus die net begint te bloeien, zelfs
een waardeloos, ver afgedwaald persoon als ik, overgieten met uw
genade. O Shive (Goddelijke moeder, echtgenote van Shiva), zoals
de koele stralen van de maan gelijkelijk vallen op het herenhuis
en de wildernis, zal dit u geen verlies berokkenen, maar deze
persoon zal inderdaad gezegend worden."

Tijdens de Europese tournee van het afgelopen jaar bracht
Amma op weg naar Finland een nacht door in haar nieuwe centrum in Duitsland. Het centrum is een verbouwde manege en
ligt op de top van een heuvel. Er is een prachtig uitzicht op het
dorp dat eromheen ligt en op de groene weiden waar de paarden
kunnen rennen. 's Ochtends kwam Amma, voordat ze naar het
vliegveld vertrok, naar buiten om wat tijd met de bewoners van
het centrum door te brengen en om de paarden te voeren. Het
was een mooie en heldere ochtend.

Amma voerde de paarden, waarna ze weer naar binnen ging
om prasad uit te delen aan de bewoners en de andere toegewijden die daar bijeen waren. "Gisteravond," zei Amma tegen de
toegewijden, "dacht Amma dat ze de hele dag hier met jullie
zou doorbrengen." Ze legde uit dat ze niet geweten had dat ze al
om twaalf uur 's middags voor haar vlucht naar Finland moest
vertrekken. "Amma was van plan om vandaag zoveel met jullie
te doen: de lunch serveren, bhajans zingen, uit wandelen gaan,
buiten mediteren …"

Glimlachend voegde een toegewijde hieraan toe: "Bevrijding
geven…" Deze opmerking was bedoeld als een grapje, maar zoals
gewoonlijk gaf Amma een diepgaand antwoord.

Amma zei: "Alles wat Amma doet is alleen daarvoor. Doordat
Sri Krishna al zijn tijd met de gopi's van Vrindavan doorbracht,
met hen speelde, hun melk en boter stal en grapjes met hen

maakte, veroverde Sri Krishna hun hart. Hetzelfde doet Amma wanneer ze tijd met jullie allemaal doorbrengt. Ze legt diep binnen in jullie een speciale parel, zodat jullie altijd aan Amma denken, waarheen jullie ook gaan, wat jullie ook doen.

Als we aan een langdurig en zwaar werk beginnen, zijn we gewoonlijk de hele tijd gespannen. We hebben alleen nog vrede wanneer we denken: 'Als het werk gedaan is, zal ik rust hebben.' Door de toegewijden herinneringen te geven, zullen ze diep van binnen altijd aan Amma denken, wat ze ook aan het doen zijn." Amma voegde hieraan nog toe dat zulke gedachten, de momenten dat de leerling aan zijn samenzijn met de goeroe denkt, momenten van rust en vrede zijn.

Vervolgens legde Amma uit dat men op het pad van *advaita* (non-dualisme) de gehele wereld als een uitbreiding van zichzelf probeert te zien, terwijl men op het pad van *bhakti* (devotie) de gehele wereld als zijn beminde Heer of goeroe probeert te zien. Deze twee wegen zijn niet verschillend, het zijn iets andere manieren om naar hetzelfde te kijken. "In de wereld van vandaag rennen mensen om lezingen over Vedanta te horen, maar hier proberen we Vedanta te *leven*," zei Amma. Hiermee verwees ze naar de manier waarop ze haar toegewijden aanmoedigt om de wereld te dienen, door de wereld te zien als een uitbreiding van Amma of als een uitbreiding van hun eigen Zelf.

"De relatie tussen goeroe en leerling is de relatie tussen de *jivatman* en de *Paramatman*, het individuele zelf en het Aller-hoogste Zelf. Deze twee zijn één en hetzelfde. Als we aan de waterkant staan, lijkt het alsof de rivier twee gescheiden oevers heeft, maar in werkelijkheid zijn deze twee oevers één en hetzelfde op de bodem van de rivier. Als we het water (het ego) verwijderen zullen we deze waarheid realiseren."

Toen was het voor Amma tijd om naar Finland te vertrekken. Amma reed langzaam van het terrein af. Dit was een tafereel als

Amma's vertrek uit Amritapuri in Kerala. Amma deed haar raam naar beneden en hield haar hand buiten de auto. Daarmee streek ze langs de handen van alle toegewijden die in een rij langs de oprijlaan stonden toen ze wegreed.

Amma maakt onze spirituele praktijk betrekkelijk gemakkelijk door ons zulke kostbare momenten te geven als aandenken en om erover te contempleren. Mensen die het vormloze Absolute aanbidden of toegewijd zijn aan God zouden het moeilijk vinden om zich het door hun verkozen ideaal zo vaak te herinneren als wij ons Amma herinneren. Zodra we iemand in het wit gekleed zien, vliegt onze geest naar Amma en de diepe vrede die we in haar aanwezigheid voelen. Als we gaan zitten om te eten, denken we aan de maaltijden die Amma ons eigenhandig geserveerd heeft. Wanneer we een duik nemen in een meer of zwembad, herinneren we ons het zwemmen met Amma. Als we mensen zien dansen, welt de herinnering aan Amma die in gelukzaligheid danst, in ons op. Als we zware fysieke arbeid verrichten, herinneren we ons de keren dat Amma vooropging bij werk dat niemand wilde doen, van het stofzuigen van een zaal na een programma tot het sjouwen met stenen en zand de hele nacht. Als we een Hershey's Kiss eten, herinneren we ons de omhelzing van Amma.

Kort nadat ik Amma ontmoet had, werkte ik nog bij een bank die ver van de ashram lag. Steeds als ik nummerborden van auto's uit het district Kollam (waar Amma woonde) zag of bussen met bestemming Kollam, dacht ik aan Amma en vergat ik mezelf. Er zijn zoveel eenvoudige dingen die ons aan haar kunnen herinneren. Dit is het voordeel van een levende meester. Als we een steen in het water laten vallen, zal hij onmiddellijk zinken. Maar als we de steen eerst op een houten plank leggen en dan in het water laten, zal de steen boven het wateroppervlak blijven. Als wij onze toevlucht tot een ware spirituele meester nemen, kunnen we op dezelfde manier onze wereldlijke verantwoordelijkheden vervullen zonder te verzinken in begoocheling, gehechtheid en het bijbehorende lijden.

Nu Amma de manege bezocht heeft, zullen de toegewijden overal waar ze kijken, prachtige parels zien, herinneringen aan het bezoek van Amma. Amma heeft soortgelijke parels aan haar kinderen op de hele wereld gegeven. En hoewel ze sprak tegen de bewoners van het Duitse centrum, konden haar richtlijnen even goed gesproken zijn tot haar kinderen over de hele wereld: "Dien onbaatzuchtig terwijl je aan Amma denkt. En vergeet nooit dat jij en Amma niet twee, maar in wezen één en hetzelfde zijn." Voor Amma's kinderen is dit zowel het pad als het doel. Vanaf de allereerste stap die we op deze reis zetten, ervaren we een innerlijke vrede die we voorheen niet kenden. Zelfs het verlangen naar bevrijding verdwijnt als we, zoals een feniks uit zijn as, oprijzen uit onze gehechtheden, onze teleurstellingen, ons verdriet en onze angsten, in liefde voor de meester.

Als ik Amma over de lange wegen in India rijd, wens ik soms dat ik, in plaats van van de ene plaats naar de andere te rijden, door de oneindige ruimte rijd, dat ik de auto nooit hoef stil te zetten en dat ik niet van Amma's zijde hoef te wijken; dat er nooit een onderbreking zal komen aan mijn dienstbaarheid aan haar. Als Amma ons bij de hand neemt en verder leidt op het spirituele pad, ontdekken velen van ons op precies dezelfde manier dat ze niet willen dat de reis ten einde komt.

Moge Amma's zegen met ons allen zijn. ❖

Woordenlijst

Advaita – Letterlijk 'niet twee'; verwijst naar het non-dualisme, het fundamentele principe van Vedanta, de hoogste spirituele filosofie van Sanatana Dharma.

Agami karma – De resultaten van daden die we in ons huidige leven verrichten.

Amrita Kutiram – Het huizenproject van Mata Amritanandamayi Math dat voorziet in gratis huizen voor zeer arme gezinnen. Tot op heden zijn er in heel India meer dan 30.000 huizen gebouwd en geschonken.

Amrita Vidyalayam – Lagere scholen die opgericht zijn en beheerd worden door de Mata Amritanandamayi Math. Het doel is om onderwijs te geven dat gebaseerd is op ethische waarden. Momenteel zijn er meer dan 50 Amrita Vidyalayam scholen in heel India.

Amritapuri – De internationale hoofdvestiging van Mata Amritanandamayi Math in Amma's geboorteplaats in Kerala, India.

Amritavarsham50 – De viering van Amma's vijftigste verjaardag. Dit was een internationaal evenement van dialoog en gebed in Cochin, Kerala, in september 2003. Het thema was "De wereld omhelzen voor vrede en harmonie." De vieringen duurden vier dagen en werden bijgewoond door internationale ondernemers, vredestichters, onderwijzers, spirituele leiders, milieudeskundigen, de belangrijkste politieke leiders en kunstenaars van India en meer dan 200.000 mensen per dag. Daarbij waren ook vertegenwoordigers van alle 191 landen die lid zijn van de Verenigde Naties.

Arati – Een traditionele ceremonie die verricht wordt aan het einde van een aanbiddingsritueel en bestaat uit het zwaaien met brandende kamfer voor het onderwerp van verering. Arati symboliseert overgave. Zoals de kamfer opbrandt zonder een spoor na te laten, zo lost ook het ego volledig op in het proces van overgave aan God of de goeroe.

Archana – Verwijst over het algemeen naar het reciteren van de 108 of de 1000 namen van een bepaalde Godheid (bijv. Lalita Sahasranama).

Arjuna – Een groot boogschutter en een held uit het heldendicht de Mahabharata. In de Bhagavad Gita richt Krishna zich tot Arjuna.

Ashrama – Levensfase. De Veda's verdelen een mensenleven in vier ashrama's.

Atman – Het Zelf of Bewustzijn.

AUM of Om – Volgens de Vedische geschriften is dit de oerklank in het universum en het zaad van de schepping. Alle andere geluiden komen voort uit Om en lossen weer op in Om.

Avadhuta – Een heilige die zich niet in overeenstemming met de sociale normen gedraagt.

Bhagavad Gita – 'Lied van de Heer'. Het onderricht dat Heer Krishna aan Arjuna gaf aan het begin van de Mahabharata-oorlog. Het is een praktische handleiding voor het omgaan met een crisis in ons persoonlijke of sociale leven en is het wezen van de Vedische wijsheid.

Bhajan – Devotioneel lied.

Bhava – Gemoedstoestand, stemming of houding.

Brahmachari – Een celibatair levende mannelijke leerling die spirituele disciplines beoefent onder leiding van een meester. (Het vrouwelijke equivalent is brahmacharini.)

Brahmacharya – Celibaat en controle over de zintuigen in het algemeen.

Brahman – De Uiteindelijke Waarheid voorbij alle eigenschappen. Het is de alwetende, almachtige, alomtegenwoordige onderlaag van het universum.

Darshan – Een ontmoeting met een heilige of een visioen van God.

Devi – Godin, de Goddelijke Moeder.

Devi Bhava – 'De Goddelijke gemoedstoestand van Devi'. De toestand waarin Amma haar eenheid met en haar identiteit als de Goddelijke Moeder openbaart.

Dharma –In het Sanskriet betekent dharma: 'dat wat (de schepping) ondersteunt'. Meestal verwijst het naar de harmonie in het universum. Andere betekenissen zijn: rechtvaardigheid, plicht, verantwoordelijkheid.

Duryodhana – De oudste van de honderd Kaurava broers. Hij maakte zich meester van de troon waarvan Yudhishthira, de oudste van de Pandava's, de aangewezen opvolger was. Duryodhana maakte de Mahabharata-oorlog onvermijdelijk door zijn haat voor de rechtvaardige Pandava's en zijn beroemde weigering om zelfs maar een blaadje gras aan hen af te staan.

Gopi – De gopi's waren de melkmeisjes uit het dorp Vrindavan, waar Krishna als kind woonde. Zij waren Krishna vurig toegewijd. Zij stellen de meest intense liefde tot God voor.

Gita Dhyanam – Letterlijk 'meditatie op de Gita'. Wordt traditioneel gereciteerd voordat men de Bhagavad Gita bestudeert. Deze dichtregels verheerlijken de Bhagavad Gita.

Gurukula – Letterlijk 'de clan van de goeroe'. Dit is een traditionele kostschool, waar kinderen bij een goeroe wonen die hen onderwijst in academische en spirituele kennis. Tegelijkertijd brengt hij hun spirituele waarden bij.

Japa – Het herhalen van een mantra.

Jiva of jivatman – De individuele ziel. Volgens de Advaita Vedanta is de jivatman in feite geen begrensde individuele ziel, maar één en hetzelfde als Brahman, dat ook wel het Paramatman genoemd wordt. Dit is de ene Opperste Ziel die zowel de materiële als de intelligente oorzaak van het universum is.

Jnana – Kennis.

Karma – Bewuste daden. Ook de keten van oorzaak en gevolg die door onze daden veroorzaakt wordt.

Kaurava's – De honderd kinderen van Koning Dhritarashtra en Koningin Gandhari. De onrechtvaardige Duryodhana was de oudste. De Kaurava's waren de vijanden van hun neven, de deugdzame Pandava's, met wie zij streden in de Mahabharata-oorlog.

Krishna – De belangrijkste incarnatie van Vishnu. Hij werd in een koninklijk gezin geboren, maar groeide bij pleegouders op. Hij woonde als jonge koeienherder in Vrindavan waar hij werd aanbeden en bemind door zijn toegewijde metgezellen, de gopi's en de gopa's. Later stichtte Krishna de stad Dwaraka. Hij was de vriend en adviseur van zijn neven, de Pandava's, vooral van Arjuna. Tijdens de Mahabharata-oorlog was hij de wagenmenner van Arjuna. Ook openbaarde hij aan Arjuna zijn onderricht dat we als de Bhagavad Gita kennen.

Lalita Sahasranama – Duizend namen van de Goddelijke Moeder.

Lila – Goddelijk spel.

Mahabharata – Een van de twee grote Indiase heldendichten. Het andere is de Ramayana. De Mahabharata is een uitgebreide verhandeling over dharma. Het verhaal gaat voornamelijk over het conflict tussen de rechtvaardige Pandava's en de onrechtvaardige Kaurava's en over de grote oorlog bij Kurukshetra. De Mahabharata omvat 100.000 verzen. Het is het langste heldendicht ter wereld en is rond 3200 v. Chr. geschreven door de wijze Veda Vyasa.

Mahatma – Letterlijk 'grote ziel'. Hoewel de term tegenwoordig in bredere zin gebruikt wordt, verwijst mahatma in dit boek naar iemand die beseft dat hij één is met het Universele Zelf of Atman.

Mata Amritanandamayi Devi – Amma's officiële kloosternaam, die Moeder van onsterfelijke gelukzaligheid betekent. Vaak staat Sri voor de naam om respect aan te duiden.

Mukti – Letterlijk: 'uiteindelijke oplossing van alle verdriet'. Het verwijst naar de bevrijding van de jiva (individuele ziel) uit de cyclus van geboorte en dood. Dit gebeurt als de jiva zijn ware identiteit als de Paramatman (Opperste Ziel) realiseert.

Om Amriteswaryai Namah – Een mantra die toegewijden gebruiken om Amma te eren. De betekenis is: 'Wij groeten de Godin van Onsterfelijkheid (Amma)'.

Pada puja – Ceremonie waarbij de voeten of sandalen van de goeroe gewassen worden om liefde en respect te tonen. Gewoonlijk wordt er zuiver water, yoghurt, ghee, honing en rozenwater gebruikt.

Papa – De last die voortkomt uit onjuiste handelingen. De verzamelde papa is de oorzaak van verdriet in iemands leven.

Pandava's – De vijf zonen van koning Pandu en de helden uit het epos de Mahabharata.

Prarabdha – De resultaten van handelingen uit vorige levens, die voorbestemd zijn om ervaren te worden in het huidige leven.

Prasad – Een gezegende gave van een heilige of een tempel, vaak in de vorm van voedsel.

Puja – Ritueel of ceremonie ter aanbidding.

Punya – Verdienste die voortkomt uit juiste handelingen. De verzamelde punya is de oorzaak van geluk in iemands leven.

Rama – De goddelijke held uit het epos de Ramayana. Hij is een incarnatie van Heer Vishnu en wordt als het ideaal van dharma en rechtschapenheid gezien.

Ravana – Een machtige demonenkoning. Vishnu incarneerde als Heer Rama om Ravana te doden en daarmee de harmonie in de wereld te herstellen.

Rishi's – Zieners of wijzen die tot zelfrealisatie zijn gekomen en in hun meditatie de mantra's waarnemen.

Sadhana – Spirituele oefeningen.

Sadhana Panchakam – Letterlijk 'vijf verzen over het spirituele leven'. In de laatste dagen van zijn korte leven vroegen de leerlingen van Adi Shankaracharya hem om een samenvatting van de essentiële principes van de geschriften van Sanatana Dharma. Als antwoord hierop ontvielen de verzen van Sadhana Panchakam spontaan aan de lippen van de meester. De tekst omvat vijf verzen die ieder uit vier regels bestaan. Iedere regel geeft twee instructies of adviezen. Als geheel genomen is de tekst als een ladder met veertig treden die ons naar het koninkrijk van God leidt.

Samadhi – Letterlijk 'onderbreking van alle mentale activiteit'. Een transcendente toestand waarin het individuele zelf met het Opperste Zelf verenigd is.

Samsara – De cyclus van geboorte en dood.

Sanchita karma – Het totale resultaat van onze handelingen uit al onze vorige levens.

Sanatana Dharma – 'De eeuwige manier van leven'. De oorspronkelijke en traditionele benaming voor het hindoeïsme.

Sannyasi – Een monnik die formele geloften van onthechting (sannyasa) afgelegd heeft. Een sannyasi draagt traditioneel okerkleurige kleding, wat voor het wegbranden van alle verlangens staat. Het vrouwelijke equivalent is sannyasini.

Saundarya Lahari – Verzen van Shankaracharya die de 'extatische schoonheid' van Devi beschrijven.

Satgoeroe – Letterlijk 'Ware Meester'. Alle satgoeroe's zijn mahatma's, maar niet alle mahatma's zijn satgoeroe's. De satgoeroe kiest ervoor om, terwijl hij nog steeds de gelukzaligheid van het Zelf ervaart, af te dalen naar het niveau van gewone mensen om hen te helpen spiritueel te groeien.

Satsang – Eenheid met de Opperste Waarheid. Ook: in het gezelschap van mahatma's zijn, luisteren naar een spirituele lezing of discussie en het deelnemen aan spirituele oefeningen in een groep.

Seva – Onbaatzuchtige dienen waarvan de resultaten aan God worden opgedragen.

Shankaracharya – Mahatma die door zijn werk de suprematie van de Advaita Vedanta filosofie van non-dualiteit opnieuw vestigde in een periode waarin Sanatana Dharma in verval raakte.

Shiva – Wordt vereerd als de eerste en belangrijkste goeroe, maar ook als de vormloze ondergrond van het universum in relatie tot Shakti, het vrouwelijke scheppende element. Hij is de heer van vernietiging (van het ego) in de drie-eenheid van Brahma (Heer van de schepping), Vishnu (Heer van het behoud) en Shiva. Gewoonlijk wordt hij afgebeeld als een monnik met as over zijn hele lichaam, slangen in zijn haar, alleen een lendendoek om en in zijn handen een bedelnap en drietand.

Sita – De heilige partner van Rama. Zij wordt in India gezien als het ideaal van vrouwelijkheid.

Srimad Bhagavatam – Devotionele tekst die de verschillende incarnaties van Heer Vishnu beschrijft met speciale nadruk op het leven van Sri Krishna. Het is door de wijze Veda Vyasa geschreven nadat hij de Mahabharata voltooid had.

Tapas – Ascese, boetedoening.

Upanishaden – De delen van de Veda's die de filosofie van het non-dualisme behandelen.

Vairagya – Onthechting, vooral onthechting van alles wat vergankelijk is, dat wil zeggen van de hele zichtbare wereld.

Vasana – Latente neigingen of subtiele verlangens in de geest die zich als handelingen en gewoonten manifesteren.

Vedanta – 'Het einde van de Veda's'. Verwijst naar de Upanishaden die Brahman, de Allerhoogste Waarheid, en de weg naar realisatie van deze Waarheid behandelen.

Veda's – De alleroudste geschriften. De Veda's zijn niet geschreven door een menselijke schrijver, maar werden in diepe meditatie geopenbaard aan de oude rishi's. De mantra's die de Veda's vormen hebben altijd in de natuur bestaan in de vorm van subtiele vibraties. De rishi's bereikten zo'n diepe toestand van eenheid met alles, dat ze deze mantra's waar konden nemen.

Viveka – Onderscheidingsvermogen. Met name het onderscheidingsvermogen tussen het Onvergankelijke en het vergankelijke.

Viveka Chudamani – Het kroonjuweel van onderscheidingsvermogen. Dit is een inleidende tekst over Vedanta, geschreven door Adi Shankaracharya.

Yajna – Offer in de betekenis van iets ter aanbidding offeren of het stellen van een daad voor zowel het persoonlijke als het algemene welzijn.

Yoga – 'Verenigen'. Eenheid met het Allerhoogste Zijn. Yoga is een brede term en verwijst ook naar de vele praktische methoden waarmee men tot eenheid met het Goddelijke kan komen. Het is een pad dat leidt naar Zelfrealisatie.

Yoga Vashishta – Een oude tekst die de filosofie van non-dualiteit behandelt door middel van verhalen. De tekst wordt van oudsher toegeschreven aan de wijze Valmiki, de schrijver van de Ramayana.

www.ingramcontent.com/pod-product-compliance
Lightning Source LLC
LaVergne TN
LVHW051729080426
835511LV00018B/2966